Martkforschung mit dem Internet

Einsatzmöglichkeiten, Grenzen und Entwicklungspotenziale

von

Dominik Decker

Tectum Verlag
Marburg 2001

Die Deutsche Bibliothek - CIP-Einheitsaufnahme

Decker, Dominik:
Martkforschung mit dem Internet.
Einsatzmöglichkeiten, Grenzen und Entwicklungspotenziale.
/ von Dominik Decker
- Marburg : Tectum Verlag, 2001
ISBN 978-3-8288-8247-8

Tectum Verlag
Marburg 2001

Inhalt

Abbildungen

Tabellen

Abkürzungen

AOL	American Online
ARPA	Advanced Research Projects Agency
ASCII	American Standard Code for Information Interchange
BDSG	Bundesdatenschutzgesetz
CAPI	Computer Assisted Personal Interview
CATI	Computer Assisted Telephone Interview
CERN	Conseil Européen pour la Recherche Nucleaire (Europäisches Laboratorium für Teilchenphysik), Genf
CSAQ	Computerized Self Administered Questionaires
CU-SeeMe	Internet-Dienst zur Übertragung von Echtzeit-Bewegt-Bild und Ton
DE-NIC	Deutsches Network Information Center, Karlsruhe
eMail	Electronic Mail
ESOMAR	European Society for Opinion and Market Research
FAQ	Frequently Asked Questions
FTP	File Transfer Protocol
GfK	Gesellschaft für Konsumforschung, Nürnberg
GVU	Graphic, Visualization, & Usability Center
HTML	HyperText Markup Language
http	HyperText Transfer Protocol
IP	Internet Protocol
IP-Adresse/IP-Nummer	Internet-Adresse aus vier Zahlengruppen, die genau einen Rechner im Internet bezeichnet
IRC	Internet Relay Chat
ISDN	Integrated Services Digital Network
IuKDG	Gesetz zur Regelung der Rahmenbedingungen für Informations- und Kommunikationsdienste
IVW	Informationsgemeinschaft zur Feststellung der Verbreitung von Werbeträgern e.V.
Kbps	Kilobit pro Sekunde
Modem	Modulator/Demodulator, Gerät zur Übertragung von Daten über Telefonleitungen
MUD	Multi User Dungeons

Netiquette	Kunstwort aus Net (Netz) und Etiquette
NIC	Network Information Center
PC	Personal Computer
PGP	Pretty Good Privacy (Verschlüsselungsprogramm)
POP	Post Office Protocol
S/MIME	Verschlüsselungsprogramm, um Nachrichten zu verschlüsseln und digital zu unterschreiben
SigG	Signaturgesetz
SMTP	Simple Mail Transfer Protocol
TCP	Transmission Control Protocol
TDDSG	Teledienstedatenschutzgesetz
URL	Uniform Resource Locator
VERONICA	Very Easy Rodent-Oriented Netwide Index to Computerized Archives
WWW	Word Wide Web

Teil I   Problemstellung und Zielsetzung

Das Internet ist eine neue Form der Kommunikation und gleichzeitig eine reichhaltige Quelle für Informationen. In vielen Unternehmen wird es deshalb zu PR- und Werbeaktivitäten eingesetzt.

Für die Marktforschung ist die Informationsbeschaffung via Internet von Bedeutung. Die Sekundärforschung greift so bereits auf eine große Datenmenge zurück. Als Instrument zur Primärdatenerhebung ist es allerdings in vielen Instituten erst in der Entwicklungs- bzw. Testphase. Die Auswirkungen, die der Einsatz des Internet in der Marktforschung auf die bisher verwendeten Erhebungsmethoden haben wird, sind jedoch noch unklar.

In dieser Arbeit liegt der Schwerpunkt deshalb im Bereich der Primärmarktforschung. Es soll die bisherige Verwendung des Internet zur Datenerhebung beschrieben werden, ob es als weiteres zuverlässiges Erhebungsinstrument eingesetzt werden kann. Die dazu angesprochenen Themen sind:

- Die Charakterisierung der Besonderheiten des Internet im Vergleich zu anderen Erhebungsmethoden der Marktforschung.

- Die Schilderung der Voraussetzungen, die für den Einsatz des Internet als Erhebungsinstrument zu erfüllen sind.

- Einsatzmöglichkeiten des Internet als Marktforschungsinstrument.

- Beschreibung der Grenzen dieses Mediums für die Marktforschung.

- Bewertung des Internet im Vergleich zu herkömmlichen Erhebungsmedien.

- Darstellung der zukünftigen Entwicklung dieses Mediums im Rahmen der Marktforschung.

Teil III der Arbeit enthält die Beschreibung der empirischen Erhebung, die bei Marktforschungsinstituten durchgeführt wurde. Deren Thematik orientierte sich am theoretischen Aufbau. Das Untersuchungsdesign und die Ergebnisse der Befragung sind darin ausführlich dargestellt.

Teil II   Primärmarktforschung und Internet

1.   Für die Marktforschung relevante Komponenten des Internet

1.1.   Entwicklung und Grundlagen des Internet

Das Internet wurde ursprünglich als Kommunikationsmedium zu militärischen Zwecken in den USA entwickelt. 1969 ging das Advanced Research Projects Agency (ARPA) in Betrieb, ein Computernetzwerk ohne zentrale Leitstelle, bei dem selbst ein Teilausfall die Funktionsfähigkeit des Gesamtnetzes nicht beeinträchtigte.

In den folgenden Jahre wurden immer mehr Rechner von militärischen und wissenschaftlichen Einrichtungen an das Netz angeschlossen. Diese nutzten es zum Informationsaustausch und zum Rückgriff auf die Ressourcen von Großrechnern. Diese Entwicklung setzte sich fort, und immer mehr einzelne Netze wurden miteinander verbunden, das Internet entstand.[1]

Heute besteht es aus mehreren zehntausend Netzwerken, an die weltweit mehr als 35 Millionen[2] Computer angeschlossen sind.

1.1.1.   "Sprache" des Internet

Richtlinien und Standards waren Voraussetzung für die Entwicklung einer gemeinsamen Computersprache, die alle am Netz angeschlossenen Rechner verstehen und über die sie, unabhängig vom Betriebssystem oder Computer, Daten austauschen können. Diese sogenannten Netzwerkprotokolle ermöglichen die Kommunikation aller an diesem Netz angeschlossenen Rechner. Anfang der 1970er Jahre wurden hierzu verschiedene Protokolle entwickelt. Deren Sammlung nennt sich Transmission Control Protocol/Internet Protocol (TCP/IP).[3]

Die zu übertragenden Informationen werden dabei in Datenpakete aufgeteilt. Das TCP numeriert die einzelnen Pakete und ermöglicht somit die Kontrolle über Vollständigkeit und Fehlerfreiheit der Übertragung. Das IP fügt jedem Paket die Absender- und Zieladresse an, sodass die Datenpakete beim richtigen Empfänger ankommen. Dabei wählt jedes Datenpaket seinen eigenen Weg durchs Internet. Durch die Numerierung werden die auf dem Zielrechner an-

---

[1]   Kronenberg, F.: Online Surfing, 1997, S. 30ff.

[2]   Network Wizards: http://www.nw.com/zone/WWW/report.html, 02.11.98.

[3]   Kronenberg, F.: Online Surfing, 1997, S. 34f.

kommenden Informationen wieder auf Vollständigkeit überprüft und korrekt aneinandergereiht.[4]

Als Internet wird heute üblicherweise die Gesamtheit aller Netzwerke und Computer bezeichnet, die über das TCP/IP Protokoll erreichbar sind. Jedoch ist eine exakte Abgrenzung schwierig, da die Betreiber anderer Netzwerke über sogenannte Gateways[5] auch Zugang zu Internet-Diensten anbieten können.

1.1.2. Client/Server-Prinzip

Die Funktionsweise des Internet beruht auf dem Client/Server-Prinzip. Dazu werden zwei Arten von Programmen benötigt.

Das **Server-Programm** bietet Informationen an, z.B. für den Internet-Dienst FTP. Es antwortet auf die Anforderungen des **Client-Programms**, das entweder auf dem Rechner des Nutzers selbst oder auf dem seines Internet-Zugangsanbieters installiert ist.

Das Internet dient zur Übermittlung der Anfragen des Clients an den Server und zur Übertragung der Information vom Server an den Client.[6]

Auf die technischen Grundlagen und Funktionsweisen des Internet soll im Rahmen dieser Arbeit nicht weiter eingegangen werden.

1.1.3. Internet-Dienste

Das Internet bietet den Anwendern verschiedene Nutzungsmöglichkeiten, die als Dienste[7] bezeichnet werden. Über diese können alle denkbaren Inhalte, Texte, Nachrichten, Software und Multimedia-Daten abgerufen und bereitgestellt werden. Die dafür zur Verfügung stehenden Dienste werden im folgenden kurz vorgestellt.[8]

Electronic Mail (eMail)

EMail, auch elektronische Post genannt, ist einer der ältesten und wichtigsten Dienste im Internet. Er ermöglicht es dem Benutzer, elektronische Nachrichten zu versenden, wie z.B. Briefe, Graphiken oder sonstige Dateien. Die Vorteile

---

[4]   Lampe, F.: Business im Internet, 1996, S. 28f.

[5]   Übergange; Schnittstelle zwischen verschiedenen Netzen oder Protokollen.

[6]   Emery, V.: Internet im Unternehmen, 1996, S. 21.

[7]   Nicht zu verwechseln mit Internet-Services, die den Zugang zum Internet verschaffen.

[8]   Scheller, M. / Boden, K. P. / Geenen, A.: Internet: Werkzeuge und Dienste, 1994, S. 47f.

gegenüber der herkömmlichen Post liegen in der kurzen Zustellungszeit der Nachrichten.

Mailing-Listen

Sie bieten die Möglichkeit, sich mit anderen Personen über ein ganz spezielles Thema auszutauschen. Dabei werden die einzelnen Beiträge per eMail an alle Mitglieder dieser Mailing-Liste verschickt.

Eine besondere Form stellen die Newsletters dar. Dies sind Mailing-Listen, die nur eine einseitige Kommunikation zulassen. Diese Form wird von vielen Unternehmen genutzt, um ihre Kunden über neue Produkte zu informieren.

Newsgroups

Newsgroups, USENET oder Netnews übernehmen die weltweite Verteilung von Kommentaren und Meldungen an bestimmte Newsgroups oder virtuelle Diskussionsforen, die sich jeweils mit einem bestimmten Thema beschäftigen. Dabei bleibt die Entscheidung beim Benutzer, ob er aktiv oder passiv an einer derartigen Diskussion teilnehmen will.

Gopher

Gopher ist ein Informationssystem, das die Informationen der verschiedenen Computer im Internet logisch zusammenfaßt und in einer übersichtlichen Weise anhand von Menüpunkten darstellt. Der Benutzer kann die für ihn interessanten Informationen direkt innerhalb von Gopher abrufen. Ein Suchsystem, das diesen Dienst unterstützt, ist VERONICA (Very Easy Rodent-Oriented Netwide Index to Computerized Archives).

Telnet

Telnet ist der erste Dienst, der im Internet zur Verfügung stand. Er ermöglicht einen interaktiven Zugriff auf einen physisch entfernten Rechner. Das heißt, es ist möglich, einen entfernten Rechner mit seiner eigenen Tastatur zu bedienen und somit dessen Rechnerleistung zu nutzen. So ist es zum Beispiel möglich, in virtuellen Bibliothekskatalogen zu „blättern" und Literaturinformationen abzurufen.

File Transmission Protocol (FTP)

Der gleichnamige Dienst, der mit diesem Protokoll organisiert ist, dient der effizienten und zuverlässigen Übertragung von Dateien zwischen zwei Rechnern über das Netz. Auf frei zugänglichen Anonymous-FTP-Servern werden Software, Bilder, Videodateien, Sounddateien etc. zur Verfügung gestellt.

Archie

Ist ein Suchassistent, der die Inhalte von Anonymous-FTP-Servern zugänglich macht. Mit Archie ist es möglich, Dateien und Verzeichnisse auf FTP-Servern zu lokalisieren. Ein Abfrage auf dieser Datenbank kann am einfachsten durch den Internet-Dienst Telnet durchgeführt werden.

World Wide Web (WWW)

Dieser Dienst wurde 1989 am CERN[9] in Genf entwickelt und verhalf dem Internet zu seiner heutigen Popularität. Durch die Integration anderer Internet-Dienste wie z.B. eMail, Netnews, Telnet und FTP dient das WWW gleichzeitig als Gateway zu diesen Diensten.

Die Client-Software, die zum Betrachten der WWW-Dokumente und für die Nutzung weiterer Internet-Dienste benötigt wird, bezeichnet man als Web-Browser. Die im April/Mai 1998 in Deutschland am meisten genutzten Web-Browser sind der Netscape-Communicator (59,3%) und der Internet Explorer von Microsoft (39,7%).[10]

CU-SeeMe

Dieser Dienst ermöglicht die Durchführung von Videokonferenzen auf mehreren Rechnern, d.h. man kann mit mehreren Personen an entfernten Rechnern sprechen und sich dabei gegenseitig sehen.[11]

MUD

Multi User Dungeons sind virtuelle Treffpunkte, in denen mehrere Anwender verschiedene Charaktere darstellen können. MUD's sind eine Form von virtuellen Rollenspielen zur Lösung von Rätseln oder zur Unterhaltung.

---

[9] Europäisches Laboratorium für Teilchenphysik.

[10] Focus Online: http://focus.de/D/DD/DD36/DD36D/dd36d.htm, 17.11.98.

[11] Klosa, O.: Marktforschung im Internet, 1996, S. 10ff.

Für den Einsatz zur Primärmarktforschung kommen bislang nur einige der dargestellten Internet-Dienste in Betracht. Eine nähere Beschreibung dieser Dienste erfolgt in Abschnitt 3 dieses Kapitels.

1.2. Kommunikation via Internet

Das Grundkonzept der Kommunikation kommt in dem von Lasswell[12] aufgestellten Modell

"Wer sagt was über welchen Kanal zu wem mit welcher Wirkung"

zum Ausdruck. Abbildung 1 illustriert die nach ihm benannte Formel.

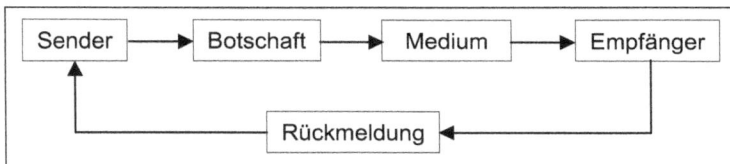

Abbildung 1: Kommunikationsmodell nach Lasswell

Dieses Modell läßt sich unter Beachtung folgender Merkmale auf die Internet-Kommunikation übertragen:

- Die Rollen von Sender und Empfänger sind austauschbar.
- Die Botschaft kann einen öffentlichen oder einen privaten Charakter haben.
- Die Botschaft wird mit technischen Medien digital übertragen.
- Massenpublikum, Kleingruppen oder Einzelpersonen können ohne räumliche oder zeitliche Beschränkungen erreicht werden.
- Botschaften können wechselseitig ausgetauscht werden.
- Die Möglichkeit zur direkten Rückkopplung ist impliziert.[13]

Das Internet ermöglicht eine bidirektionale Kommunikation und überläßt damit dem Nutzer große Einflußmöglichkeiten auf die Gestaltung des Informationsangebotes. Dadurch bekommt der User eine aktivere Rolle als bei der Kommunikation über herkömmliche Medien (z.B. Fernsehen).[14]

---

[12] Lasswell, H.D.: The Structure and Function of Communication in Society, 1960, S. 117.

[13] Oenicke, J.: Online-Marketing, 1996, S. 59ff.

[14] Naether, F.T.: Goldene Zeiten für Marktforscher, in: Absatzwirtschaft, 12, 1995, S. 62-66.

1.3. Umgangsformen im Internet - "Netiquette"

Analog zu anderen Kommunikationsformen bildeten sich bei der Nutzung der Internet-Dienste gewisse Verhaltensregeln. Man spricht in diesem Zusammenhang von "Netiquette" (Network mit Etiquette). Für den erfolgreichen Einsatz des Internet für die kommerzielle Nutzung oder zur Marktforschung ist die Einhaltung solcher Umgangsformen unerläßlich.

Die Mißachtung der Umgangsformen äußert sich auf zwei verschiedene Arten:

Manche Nutzer bringen ihren Mißmut in Form von aggressiven eMails oder Botschaften in Newsgroups zum Ausdruck, während sich andere einfach von den entsprechenden Angeboten oder Diensten abwenden. Beide Verhaltensweisen sind der Marktforschung nicht zuträglich.

Die zunehmende Verbreitung der Internet-Dienste wie z.B. eMail, Newsgroups führte zur Bildung eigener Regeln. Die Besonderheiten der in den Diensten üblichen Umgangsformen werden in den entsprechenden Abschnitten beschrieben.

1.4. ESOMAR Position Paper

Die „European Society for Opinion and Market Research" (ESOMAR) förderte seit ihrer Gründung 1948 die höchsten professionellen und technischen Standards und entwickelte einen "Code of Practice", der die Basis für die internationale Marketing- und Sozialforschungspraxis bilden soll. Diese Regeln, die ESOMAR in Kooperation mit nationalen Verbänden und internationalen Körperschaften entwirft, werden von 69 Berufsverbänden in 41 Ländern anerkannt. Weiterhin entwickelte ESOMAR Richtlinien, die Untersuchungsteilnehmer schützen und den Forschern bei besonderen Forschungsansätzen unterstützen sollen.[15]

ESOMAR bietet den Internet-Marktforschern bis zur Festlegung allgemeiner Richtlinien ein vorläufiges "Position Paper" an, das sie bei der Durchführung von Internet-Untersuchungen unterstützen soll.

Darin wird zunächst betont, daß ethische und technische Standards, die bereits bei den herkömmlichen Methoden verwendet werden, auch für den Gebrauch des Internet zu Forschungszwecken gelten.

Eine endgültige Richtlinie sollte schon im April 1998 erscheinen, lag jedoch bis Oktober 1998 noch nicht vor.

---

[15] ESOMAR: http://www.esomar.nl/what_is_.htm, 12.05.98.

Erweiterungen des bestehenden ICC/ESOMAR "International Code of Marketing and Social Research Practice" sollen bei der Durchführung von Internet-
Forschung hilfreich sein. Die ethischen und technischen Aspekte werden darin
besonders angesprochen.[16]

Ethische Probleme

Das Hauptziel der ESOMAR Richtlinien ist der Schutz des Befragten. Die ge-
genwärtige Regelung betont, daß die Teilnahme an Befragungen vollständig
freiwillig erfolgen muß. Weiterhin sind die Befragten berechtigt ihre Anonymität
zu bewahren, wenn nicht ihre ausdrückliche Zustimmung vorliegt.

Die Tatsache, daß es mit dem Internet möglich ist, Informationen von identifi-
zierten Befragten ohne deren Wissen zu erhalten, widerspricht diesen Grund-
sätzen von Transparenz und Zustimmung. Spezielle Vorsichtsmaßnahmen für
diese Datenerhebungsmethoden werden hier zum Schutz der Befragten benötigt.[17]

Technische Problemfelder

Der erste Problembereich bezieht sich auf das genaue Messen von Internetver-
breitung und -nutzung. Momentan werden unterschiedliche, manchmal wider-
sprüchliche Angaben über Verbreitung und Nutzung des Internet von verschiedenen Instituten produziert, und das sorgt für beträchtlichen Diskussionsstoff
über die beste Meßmethode. Erschwerend kommt hinzu, daß oft mehrere Personen über denselben PC Zugang zum Internet haben. Es müssen Vereinba-
rungen zwischen Marktforschungs-Verbänden getroffen werden, die dafür sor-
gen, daß solche Probleme nicht die Glaubwürdigkeit der Marktforschung beeinträchtigen.

Das zweite Problemfeld betrifft die Nutzung des Internet zur Datenerhebung in
Privathaushalten. Bevölkerungsrepräsentative Stichproben werden durch die
geringe Verbreitung schwierig.

Drittens muß die Qualität der erhobenen Daten anhand effektiver Kontrollen
gewährleistet werden.

In jedem Fall ist es unumgänglich, daß in allen Ergebnisberichten von Internet-
Befragungen eine ausführliche Methodenbeschreibung und mögliche Einschränkungen der Repräsentativität und Validität zu erläutert wird.

[16]   ESOMAR: http://www.esomar.nl/position.htm, 12.05.98.
[17]   ESOMAR: http://www.esomar.nl/position.htm, 12.05.98.

Gesetzliche Regulierung

Es gibt momentan keine internationale, einheitliche gesetzliche Regelung. Daher müssen die Marktforschungsunternehmen sich selbst organisieren und sollten verantwortungsvoll handeln um die Gefahr zu vermeiden, daß der Marktforschung Restriktionen von der Gesetzgebung auferlegt werden. ESOMAR betont in dieser Hinsicht, daß sich die Forscher an die nationale und internationale Gesetzgebung anpassen müssen.

Beim Internet wird die Frage, welche nationale Gesetzgebung verwendet werden soll bzw. anwendbar ist, dadurch komplizierter.[18]

---

[18] ESOMAR: http://www.esomar.nl/position.htm, 12.05.98.

2. Voraussetzungen für Primärmarktforschung via Internet

2.1. Marktforschung via Internet

Der Kommunikationsprozeß im weiteren Sinne[19] umfaßt nicht nur die Übermittlung von Informationen, sondern eine Reihe weiterer Aktivitäten:

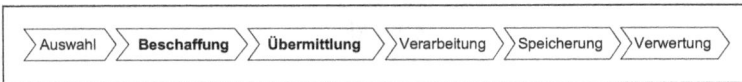

| Auswahl | **Beschaffung** | **Übermittlung** | Verarbeitung | Speicherung | Verwertung |

Abbildung 2: Kommunikationsprozeß im weiteren Sinne

Marktforschungsuntersuchungen laufen idealtypisch analog dieses Kommunikationsprozesses ab.

Beschaffung und Übermittlung von Informationen sind davon die für die Internet-Marktforschung wesentlichen Komponenten.

Für die Marktforschung gibt es zwei Arten von Erhebungen.

Bei der **Primärmarktforschung** werden die für die jeweilige Problemstellung erforderlichen Informationen direkt von den Probanden durch Befragung oder Beobachtung erhoben. Zusätzlich zu den bisher verwendeten Befragungsmethoden "face-to-face", telefonisch, schriftlich oder computergestützt werden die Internet-Dienste (WWW, eMail, Netnews) eingesetzt. Eine Beobachtung erfolgt durch die Speicherung und Auswertung des Nutzungsverlaufes (siehe Abschnitt 3).

Die **Sekundärmarktforschung** beschafft und analysiert Informationen aus bereits vorhandenem teilweise zu anderen Fragestellungen erhobenen Datenmaterials. Das Internet bietet zu diesen Zwecken eine große Fülle von Informationen, die schnell und kostengünstig beschafft werden können. Eine ökonomische und effektive Suche nach Sekundärmaterial im Internet setzt jedoch eine genaue Problemstellung und eine systematische Suchstrategie voraus. Im weiteren Verlauf der Arbeit wird nicht näher auf die Sekundärmarktforschung mit dem Internet eingegangen.

Das Internet kann von der Marktforschung noch zu weiteren Zwecken eingesetzt werden:[20]

- zur Konkurrenzbeobachtung,

---

[19] Berekoven, L. / Eckert, W. / Ellenrieder, P.: Marktforschung, 1996, S. 34ff.

[20] Dodd, J.: Market research on the Internet - threat or opportunity?, in: Marketing and Research today, 1, 1998, S. 60-66.

- zur Kommunikation mit Kunden und Interviewern,
- zur Datenübertragung, z.B. von Berichten, Dateien und Updates,
- zur Eigenwerbung mittels eigener Homepage.

2.2. Marktökonomische Voraussetzungen

Informationen über die Nutzer- und Anbieterstruktur in Online-Netzen sind wichtig als Entscheidungsgrundlage für Marketingmaßnahmen und für den erfolgreichen Einsatz des Internet in Unternehmen.[21] Die Marktforschung benötigt solche Informationen für die Auswahl der Erhebungsmethode, des damit erreichbaren Personenkreises und der Interpretation der Ergebnisse.

2.2.1. Internet-Anbieter

Die oben beschriebenen Eigenschaften der bidirektionalen Kommunikation zeigt, daß jeder Nutzer des Internet auch als Anbieter von Informationen, Produkten oder Dienstleistungen über das Medium auftreten kann. Das erfordert eine zusätzliche Unterscheidung zur Eingliederung von Unternehmen als Internet-Anbieter, und zwar die kommerzielle Nutzung des Internet, die das Ziel des unternehmerischen Erfolgs hat. Die so definierte Gruppe der Internet-Anbieter wird unterschieden in Online-Services, die den Zugang zum Internet ermöglichen, und in Unternehmen, die das Internet als Marketinginstrument einsetzen.

2.2.1.1. Kommerzielle Online-Services

Kommerzielle Online-Services sind Betreiber von Computernetzwerken, die ihren Nutzern Möglichkeiten zur Information, zum Einkaufen, zur Unterhaltung, zur Kommunikation und weitere Serviceleistungen anbieten. Heute bieten fast alle Online-Services einen Zugang (Gateway) zum Internet. Neben eMail integrieren die kommerziellen Online-Services zunehmend auch andere Internet-Dienste wie z.B. WWW, Gopher oder FTP.[22] Die Angebots- und Informationsschwerpunkte dieser Zugangsanbieter orientieren sich speziell an den Bedürfnissen ihrer Zielgruppe bzw. ihrer Kunden.[23]

Der in Deutschland wichtigste Online-Service (Stand: Juni 1998) ist mit 2,2 Millionen Mitgliedern T-Online. Der weltweit führende Anbieter ist AOL mit ca. 12 Millionen Mitgliedern. In Deutschland belegt AOL Platz 2 mit 0,6 Millionen. Der

---

[21]   Apel, P.: Die Mär vom Turnschuh-Onliner, in: Absatzwirtschaft, 11, 1995, S. 137-141.

[22]   Lampe, F.: Business im Internet, 1996, S. 45.

[23]   Oenicke, J.: Online-Marketing, 1996, S. 24f.

Zuwachs gegenüber dem Vorjahr liegt, nach Angaben der Unternehmen, zwischen 20% und 50%.[24]

Die wichtigsten Internet-Dienste, die Zugang zum Internet gewähren, sind in Abbildung 3 dargestellt.

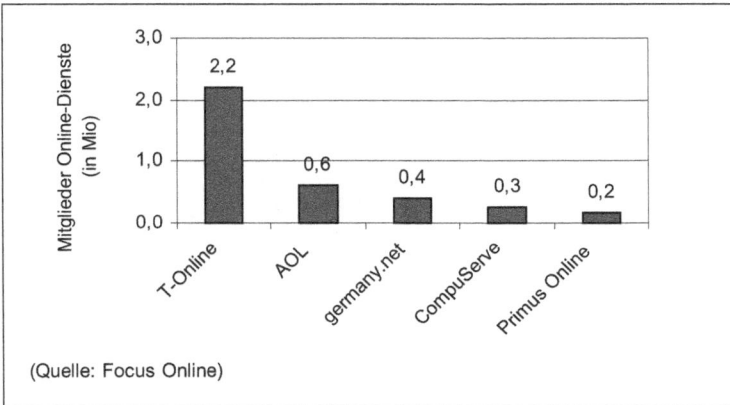

(Quelle: Focus Online)

Abbildung 3: Anteile der Online-Services in Deutschland (Juni 1998)

Über die Anzahl von Internet-Zugängen in Deutschland, die von wissenschaftlichen Einrichtungen bzw. vom Arbeitsplatz gewährt werden, liegen keine Angaben vor.

2.2.1.2. Kommerzielle Unternehmen im Internet

Grundsätzlich kann jeder, der einen Zugang zum Internet hat, Internet-Anbieter werden. Auf der einen Seite ist diese Tatsache der Grund dafür, daß das Internet eine schier unendliche Menge an Informationen bereithält. Auf der anderen Seite kann diese Möglichkeit der Informationsverbreitung und Informationssuche durch Mißbrauch dem Image und Erfolg des Internet sehr schaden.

In einer von der Zeitschrift "Business Online" 1997 durchgeführten Studie wurde die Präsenz und Nutzung deutscher Unternehmen im Internet erhoben. Die befragten Unternehmen repräsentieren dabei alle Firmen ab 10 Beschäftigten hinsichtlich der Unternehmensgröße, Wirtschaftszweigen und Regionalität. Die Erhebung wurde in Form einer schriftlichen Befragung durchgeführt.

---

[24] Focus Online: http://focus.de/D/DD/DD36/DD36G/dd36g.htm, 12.10.98.

Rund 35% der deutschen Unternehmen verfügen über einen Internet-Zugang, das entspricht ca. 110.000 Unternehmen. Die Verteilung in den Wirtschaftszweigen (Abbildung 4) zeigt, daß Handelsvermittlungen, Kredit- und Versicherungswesen und Dienstleistungsunternehmen am häufigsten über Internet-Zugänge verfügen.

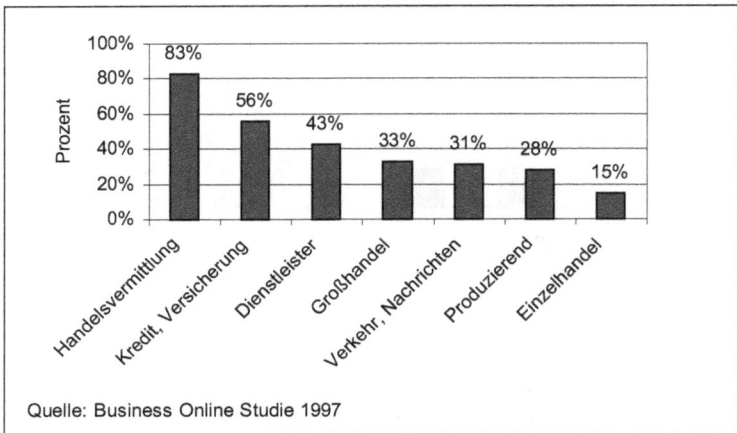

Quelle: Business Online Studie 1997

Abbildung 4: Internet-Zugänge nach Wirtschaftszweigen 1997

Etwa 50.000 Unternehmen (16%) verfügten im Mai 1997 über eine eigene Internet-Homepage. Laut einer Hochrechnung über die geplanten Internet-Aktivitäten bis 1998 wird sich die Zahl der Online-Präsenzen auf 105.000 verdoppeln.

Die Bedeutung des Internet innerhalb des Unternehmen wird in der Verantwortung für die Internet-Präsentation deutlich. In über 30% der Fälle trägt die Geschäftsleitung oder das Marketing die Verantwortung.

Information (87%) und Kommunikation (67%) bilden die Hauptverwendungszwecke. Rund ein Drittel der Unternehmen setzen das Internet zu Marketingzwecken ein. Jedes fünfte arbeitet bereits im Vertrieb und Verkauf damit.[25]

---

[25] Business Online:
      http://www2.business-online.de/bda/int/bo/umfrage/umfrage.html, 16.11.98.

2.2.2. Struktur der Internet-Nutzer

Die Anwender neuer Medien und Technologien sind in einer vergleichsweisen frühen Phase der Ausbreitung auf bestimmte Bevölkerungsgruppen beschränkt. Wer jetzt Zugang zum Internet hat oder Abonnent eines Online-Service ist, wird von einem Interesse an den grundsätzlichen und neuen Möglichkeiten dieser Medien geleitet.

Befragungen mit Nutzern des Internet sind daher eine ergiebige und wertvolle Quelle für Informationen, da die Motivation der Befragten, ihr Wissen und ihre Erfahrungen erfahrungsgemäß recht hoch sind.[26]

Im folgenden werden einige Internet-Nutzer-Befragungen und deren Ergebnisse dargestellt. Die Auswahl dieser Studien stellt nur einen Überblick über drei der bekanntesten Befragungen dar. Bei den Studien von GVU und W3B handelt es sich um Online-Befragungen. Die Daten des GfK-Online-Monitor wurden dagegen über eine repräsentative Telefonbefragung erhoben.

Eine größere Auswahl von Internet-Umfragen mit Beschreibungen und Adressen kann man beim Deutschen Multimedia Verband erhalten.[27]

2.2.2.1. GVU-Umfrage

Die Umfrage des „Graphics, Visualization, & Usability Center" ist die erste öffentliche Online-Erhebung. Deren Ziel es ist, die WWW-Nutzer zu charakterisieren und die Stärke des Internet als Erhebungsmedium zu demonstrieren.

Die erste Erhebung der zweimal jährlich durchgeführten Befragung fand im Januar 1994 statt.[28]

Um Teilnehmer zu werben werden folgende Methoden verwendet:

• Anzeigen in verschiedenen Newsgroups,

• Werbe-Banner, die zufällig zwischen viel besuchten Internet-Sites rotieren,

• Werbe-Banner, die in Werbe-Netzwerken erscheinen,

• Anzeigen in der WWW-Surveying-Mailing-List,

• Anzeigen in anderen Medien (Zeitungen, Zeitschriften etc.).

Diese Vorgehensweise wurde gewählt, um einem möglichst großen Kreis von Internet-Nutzern die Möglichkeit zur Teilnahme zu geben.

---

[26] Naether, F.T.: Goldene Zeiten für Marktforscher, in: Absatzwirtschaft, 12, 1995, S. 62-66.

[27] Deutscher Multimedia Verband:
http://www.dmmv.de/jumps/forschungs-jump.html, 07.12.98.

[28] GVU (Graphics, Visualization, & Usability Center):
http://www.cc.gatech.edu/gvu/user_surveys/background.html, 11.09.98.

Die Ergebnisse der neunten GVU-Nutzer-Befragung[29], die vom 10. April 1998 bis 15. Mai 1998 in englischer Sprache durchgeführt wurde, lassen sich folgendermaßen zusammenfassen:

38,7% der Befragten sind Frauen. Seit Beginn der Erhebungen im Jahre 1994 wuchs ihr Anteil bei den Befragungen stetig an. In Europa ist der Anteil der Frauen (16,3%) niedriger als in den anderen Staaten. Bei den Befragten, die seit weniger als einem Jahr das Internet nutzen, beträgt der Frauenanteil sogar 51,7%. Dies ist die erste Kategorie, in der Frauen mit einem höheren Anteil als Männer vertreten sind.

Das durchschnittliche Alter aller Befragten betrug 35,1 Jahre, bei den europäischen Teilnehmern liegt es bei 28,8 Jahren. Dieses Durchschnittsalter ähnelt dem in den USA, bevor die wichtigsten Online-Services (AOL, CompuServe, Prodigy) dort verfügbar waren. Die größte Internet-Erfahrung besitzen die Befragten im Alter zwischen 21 und 30 Jahren.

Das durchschnittliche Bildungsniveau der Internet-Nutzer nähert sich dem Bildungsniveau der Gesamtbevölkerung weiter an. Dennoch ist ihr formaler Bildungsgrad höher als bei der Gesamtbevölkerung.

2.2.2.2.   W3B-Umfragen

Seit 1995 befragt das Institut Fittkau & Maaß deutschsprachige Online-Nutzer. Als Vorbild für die Untersuchung diente die GVU-Umfrage.

W3B-Umfragen werden seit dem Herbst 1995 zweimal jährlich durchgeführt. Ziel der Befragungen ist es zu zeigen, wie WWW-Angebote qualitativ, inhaltlich und optisch aufgebaut sein sollen, damit öffentliche Institutionen und Unternehmen sie nutzerorientiert einsetzen können.[30]

Die sechste Erhebung lief im Frühjahr 1998 erstmalig europaweit in neun Sprachen.

Bei den W3B-Umfragen kann aufgrund der kontinuierlichen Erhebung die Entwicklung der Nutzer-Demographie in den letzten 3 Jahren beobachtet werden.

---

[29] GVU (Graphics, Visualization, & Usability Center):
http://www.gvu.gatech.edu/user-surveys.htm, 07.10.98.

[30] W3B Fittkau & Maaß: http://www.w3b.de/hintergrund/methodik.html, 09.08.98.

Die Ergebnisse der W3B-Umfragen belegen, daß seit 1995 der Frauen-Anteil an den Internet-Nutzern von 6% auf 15,5% angestiegen ist. Dies entspricht dem Wert, den die GVU- Analyse für ganz Europa ermittelt hat.

Das durchschnittliche Alter europäischer User entspricht mit 35 Jahren dem Gesamtdurchschnittsalter der GVU-Befragung, liegt jedoch erheblich über dem des von GVU für Europa ermittelten Wert (28,8 Jahre).

Der zu Beginn der Erhebungen im Jahre 1995 hohe Anteil an Internet-Nutzern mit einem formal hohen Bildungsstand ist gesunken.

Die folgende Abbildung zeigt die Entwicklung der Nutzer-Demographie nach der beruflichen Tätigkeit seit 1995.[31]

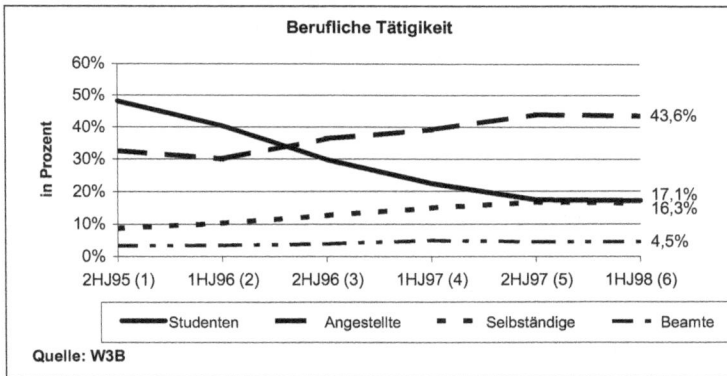

Abbildung 5: Entwicklung der Nutzer-Demographie hinsichtlich der beruflichen Tätigkeit (W3B Umfragen II/95-I/98)

Die Teilnehmer verwenden das Internet hauptsächlich zum Abrufen von Informationen (80%), zum Herunterladen von Software (65%) sowie zur Unterhaltung (65%) und Kommunikation (55%). Die Ergebnisse belegen, daß sich die Demographie der User an die der Bevölkerung annähert.

2.2.2.3. GfK-Online-Monitor

Nach Angaben der GfK-Medienforschung ist der GfK-Online-Monitor "die erste repräsentative und monothematische Untersuchung zur Nutzung von Online-Medien". Ende 1997 wurden 10.034 Personen zwischen 14-59 Jahren in Pri-

---

[31] W3B Fittkau & Maaß: http://www.w3b.de/ergebnisse/ergebnisse.html, 11.09.98.

vathaushalten der Bundesrepublik Deutschland befragt. Die zweite Erhebung fand im Sommer 1998 mit 7.434 Personen statt. Die Erhebungsmethode war jeweils CATI. Der GfK Online-Monitor soll zukünftig 2x jährlich durchgeführt werden.Als Nutzer im Sinne der Untersuchung galt nur jemand, "der über einen Zugang (Access) verfügt und gleichzeitig proprietäre Dienste eines Providers und/oder das WWW zumindest gelegentlich nutzt".[32]

Im folgenden werden die wichtigsten Ergebnisse dieser Studie kurz zusammengefaßt:

Die Gesamtzahl der Nutzer zwischen 14 und 59 Jahren stieg zwischen den Befragungszeiträumen von 5,6 (ca. 12% der Bevölkerung zwischen 14 und 59 Jahren) auf 7,3 Millionen (16%) an. Der Anteil der Frauen liegt bei 30%.

Die Verteilung der Online-Nutzer nach Altersgruppen ist nahezu bevölkerungsrepräsentativ. Die Gruppe zwischen 20-29 Jahren ist mit 1,6 Millionen (1. Erhebung) bzw. 2,3 Millionen (2. Erhebung) am stärksten vertreten. Die User haben im Durchschnitt eine formal höhere Schulbildung und leben fast zur Hälfte (48%) in Städten mit mehr als 100.000 Einwohnern.

Die tageszeitspezifische Nutzung ist vom Ort des Internet-Zuganges stark abhängig. 4,6 Millionen nutzen Online-Medien außer Haus, z.B. an Universitäten oder am Arbeitsplatz, gegenüber 4,1 Millionen, die diese Medien auch oder nur zu Hause nutzen.

Bei der Verwendung von Internet-Diensten stehen eMail, Informationssuche, WWW-Surfen, das Herunterladen von Dateien und Online-Banking ganz oben. Newsgroups, IRC oder Gesprächsforen, die auch für Marktforschung genutzt werden können, haben eine geringere Bedeutung.

---

[32] GfK Medienforschung: http://www.gfk.cube.net/website/mefo/onmowa.htm, 07.12.98.

2.2.2.4. Übersicht der Umfrageergebnisse

In Tabelle 1 sind die aktuellen Ergebnisse der beschriebenen Umfragen einander gegenübergestellt.

	GVU (9. Umfrage)	W3B (6. Umfrage)	GfK (2. Welle)
Gebiet	global/USA	deutsch/Europa	Deutschland
Teilnehmer	>10.000	16.248	7.434
Erhebungszeit	10.04.98 - 15.05.98	08.04.98 - 27.05.98	22.05.98 - 02.08.98
Methode	WWW-Fragebogen	WWW-Fragebogen	CATI
Alter	35,1 Jahre	35,5 Jahre	20-29 Jahre 31,8%
Geschlecht	weiblich 38,7% männlich 61,3%	weiblich 15,5% männlich 84,5%	weiblich 29,9% männlich 70,1%
Beruf	Bildungsbereich 26% Computerbereich 22%	Selbständige 16,3% Angestellte 43,6% Beamte 4,5% Studenten 17,1% Schüler/Azubis/ Lehrlinge 8,0% Doktoranden 2,4%	Selbständige/ Freie 11,6% Leitende Angestellte/ Beamte 13,2% sonst. Angestellte/ Beamte 45,4% In Ausbildung 27,6%
Bildung	College degree 50,1% College experience 80,9%	Abitur 63,9% Mittlere Reife 23,4% Volksschule 8,8%	Studium 28,3% Abitur 30,1% Mittlere Reife 30,3% Volksschule 10,2%
Erfahrung	<1 Jahr 18% >1 Jahr <3 Jahre 45%	<1 Jahr 23% >1 Jahr <4 Jahre 64% >4 Jahre 14%	n.V.

Tabelle 1: Vergleich der Internet-Nutzer-Befragungen 1998

Aufgrund der verschiedenen Erhebungsmethoden Online-Befragung und CATI gelangen die Untersuchungen zu verschiedenen Ergebnissen in der Struktur der Nutzerschaft. Eine Bewertung dieser Methoden bzw. Erhebungen soll im Rahmen dieser Arbeit nicht erfolgen.

Zusammenfassend kann jedoch gesagt werden, daß sich die Online-Nutzerschaft in Deutschland mit großer Dynamik entwickelt. Die Struktur nähert sich hinsichtlich Alter und Bildung weiter der Normal-Demographie an.

2.3. Computergestützte Datenerhebung

Die Grenzen herkömmlicher Erhebungsmethoden (z.b. Intervievewereinfluß, Einfluß des situativen Befragungsfeldes, Effizienz- und Kostenprobleme, fehleranfälliges Übertragen der Daten vom Papier in die EDV u.ä.) sehen Ewen und Gelszus[33] als Anlaß, sich mit neuen Methoden auseinanderzusetzen und den Einsatz einer computergestützten Erhebung zu überdenken.

Sie stellten die These auf, daß sich die Diskussion über Untersuchungsansätze unter den Marktforschern beleben wird. Die bis dahin stattfindende Auseinandersetzung, die auf der Ebene qualitativer versus quantitativer Untersuchungsansatz verlief, wird zukünftig in Richtung etablierte Befragungstechnik versus computergestützte Erhebung verlagert, wobei jede der etablierten Befragungsmethoden auch in Zukunft unter dem Gesichtspunkt der Zielsetzungen einer Untersuchung ihre Daseinsberechtigung haben wird.

Mangelnde Vertrautheit mit der neuen Technologie, die Höhe der erforderlichen Investitionen in Hard- bzw. Software und die Sorge, die Interviewer zu überfordern und die Befragten zu verprellen, werden dafür verantwortlich gemacht, daß Informationen zumeist auf traditionelle und damit kostspieligere Art und Weise erhoben werden. [34]

Für die computergestützte Datenerhebung stehen mehrere Methoden zur Verfügung. Sie unterscheiden sich dadurch, inwieweit dem Computer und dem Befragten, die vom Interviewer zu erbringende Leistung übertragen wird.

Während eines **CAPI** gibt der Interviewer die Antworten des Befragten in den Computer ein. Bei **CATI** übernimmt der Computer die Auswahl und Kontaktherstellung über das Telefon, der Interviewer tippt nur die Antworten in den Computer.[35]

Computerized Self Administered Questionaires (**CSAQ**) erlauben es dem Befragten, die Antworten selbst in den Computer einzugeben. Der Interviewer hat nur die Aufgabe, den Befragten in die Bedienung des Systems einzuweisen. Die **Internet-Befragung** ist den CSAQ-Verfahren zuzuordnen, aber es ist kein Interviewer anwesend und alle Phasen der Befragung laufen auf der Ebene Computer/Befragter ab.

---

[33] Ewen, V. / Gelszus, R.H.: Der Computer als Befragungsinstrument, in: Marktforschung & Management, 3, 1990, S. 119-122.

[34] Müller, S. / Kesselmann, P.: Akzeptanz von computergestützten Erhebungsverfahren, in: Marketing, 3, 1996, S. 191-202.

[35] Müller,S. / Kesselmann, P.: Akzeptanz von computergestützten Erhebungsverfahren, in: Marketing, 3, 1996, S. 191-202.

2.3.1. Vorteile

Durch die Einbindung des Probanden in die Interaktion mit dem Computer wird das Interview subjektiv als kürzer empfunden, Ermüdungs-erscheinungen und Desinteresse treten seltener auf.

Der Computer wird als neutral empfunden und sichert Anonymität, weil die Antworten selbst eingegeben werden. Insofern sind die Antworten ehrlicher. Soziale Erwünschtheit im Antwortverhalten wird merkbar gemildert.

Die Probanden lassen sich weniger durch optische oder akustische Störfaktoren ablenken. Das Lesen der Fragen zwingt den Befragten zur Konzentration auf den Frageninhalt, so daß man im Vergleich zu persönlichen Interviews inhaltsgerechtere Antworten der Fragen feststellen kann. Heikle Befragungsinhalte sind somit problemloser abzuwickeln.[36]

Der Einsatz des Computers zur direkten Steuerung eines Interviews hat eine Reihe von erhebungstechnischen Vorteilen.

- Die Länge des Computer-Interviews ist u.a. bei gleichem Inhalt auch objektiv kürzer als ein persönliches Interview. Durch das Entfallen der manuellen Handhabung des Fragebogens sind Kommunikationsweg und -zeit kürzer.

- Komplizierte Sachverhalte können bei Bedarf – z.B. wenn der Proband im Fragebogen verwendete Ausdrücke nicht kennt – durch individuell eingeblendete Hilfestellungen verdeutlicht werden.

- Rotationen von Fragen, Frageblöcken und Antwortvorgaben innerhalb einer Frage sind problemlos durchführbar; Positionierungseffekte entfallen.

- Komplizierte Filter und Sprunganweisungen laufen vom Befragten unbemerkt ab.

- Zur Ökonomie der Befragung können durch Zufallsauswahl Itembatterien verkürzt werden. In gleicher Weise können auch Teile großer Befragungsgruppen zugunsten kleiner Zielgruppen abgewählt werden.

- Im Hinblick auf die Vorlage optischer Teststimuli eröffnet das Computer-Interview erweiterte Möglichkeiten.

- Die Unabhängigkeit des Computer-Interviews vom Befragungsumfeld und die Wahlmöglichkeit verschiedener Sprachen und Schriften eignen das System für vergleichende Untersuchungen in unterschiedlichen Mentalitäts- und Sprachräumen.[37]

---

[36] Ewen, V. / Gelszus, R.H.: Der Computer als Befragungsinstrument, in: Marktforschung & Management, 3, 1990, S. 119-122.

[37] Ewen, V. / Gelszus, R.H.: Der Computer als Befragungsinstrument, in: Marktforschung & Management, 3, 1990, S. 119-122.

Die geringeren Kosten des Computer-Interviews resultieren im wesentlichen aus kürzerer Feldzeit, weniger Personalaufwendungen während der Durchführung sowie dem Wegfallen der Datenerfassungskosten.

Dieser Kostenvorteil reduziert sich als Folge des höheren Fixkostenanteils bei den Computer-Interviews mit niedrigen Fallzahlen.[38]

2.3.2. Nachteile

Die Umstellung von herkömmlichen auf computergestützte Erhebungsverfahren erfordern hohe Investitionen in Ausrüstung und Mitarbeiterschulung. Zudem müssen Hard- und Software regelmäßig gepflegt und aktualisiert werden. Bildschirmfragebögen können nur von entsprechend qualifizierten Mitarbeitern erstellt und ausgewertet werden.

Inkompatibilität von Hard- oder Software verhindert die Vergabe von Subaufträgen an andere Institute.[39]

2.3.3. Internet-Befragungen

Bei Internet-Befragungen werden die Internet-Dienste zur Übertragung der Fragebögen verwendet. Die Probanden können dann von ihrem Internet-Zugang aus die Fragebögen ausfüllen und zurücksenden. Diese Form von Befragungen findet ohne Interviewer statt. Die Erhebung verläuft vollständig auf der Ebene Proband / Computer.

Wenn die Befragten zu einer "computeraffinen" Zielgruppe gehören, hat der Einsatz von Internet-Befragungen gegenüber der computergestützten Erhebung zusätzliche Vorteile:

- Zeitersparnis ("Data just-in-time").

- Erhöhte Datenqualität, weil Interviewereinflüsse wegfallen.

- Erweiterte Abfragemöglichkeiten durch Filterführung, Bild- und Tonvorgaben oder Plausibilitätsprüfungen.

- Höhere Anpassung an die Bedürfnisse der Probanden, da die Befragung zeit- und raumunabhängig ist.

- Spaß beim Ausfüllen des Fragebogens, wenn dieser anspruchsvoll gestaltet ist.

---

[38]   Ewen, V. / Gelszus, R.H.: Der Computer als Befragungsinstrument, in: Marktforschung & Management, 3, 1990, S. 119-122.

[39]   Müller, S. / Kesselmann, P.: Akzeptanz von computergestützten Erhebungsverfahren, in: Marketing, 3, 1996, S. 191-202.

Allerdings gibt es auch wieder Nachteile:

• Beschränkung auf bestimmte Zielgruppen.

• Angepaßte Fragestellung, da das Leseverhalten am Bildschirm anders ist als auf dem Papier.

• Erhöhter Programmieraufwand durch komplexeren Interviewablauf und Filterführung.[40]

2.4. Rechtliche Situation

Für die Nutzung des Internet gelten in Deutschland die bestehenden nationalen Rechtsnormen, insbesondere das Zivil- und Strafrecht.

Es gibt in Deutschland vier gesetzliche Grundlagen zur Reglementierung der Kommunikation im Multimediabereich, die als Multimediagesetze bezeichnet werden.

Das für das Internet bedeutsamste Gesetz in Deutschland ist das 1997 verabschiedete Informations- und Kommunikationsdienstegesetz (IuKDG).

Es enthält neben speziellen Regelungen für bereits vorhandene Gesetze und Verordnungen drei neue Gesetze:

• Gesetz über die Nutzung von Telediensten (Teledienstegesetz).

• Gesetz über den Datenschutz bei Telediensten (Teledienstedatenschutzgesetz).

• Gesetz zur digitalen Signatur (Signaturgesetz, SigG).[41]

Das IuKDG verfolgt zwei Ziele:

1. Die Schaffung einheitlicher wirtschaftlicher Rahmenbedingungen für Anbieter und Nutzer, die die freie Entfaltung der Marktkräfte im Bereich dieser Dienste gewährleisten sollen.

2. Die Schaffung notwendiger Regelungen in Datenschutz, Datensicherheit, Urheberrecht sowie dem Jugend- und Verbraucher-schutz.[42]

Die im Rahmen der Marktforschung bedeutsamsten Regelungen betreffen den Datenschutz und die Datensicherheit.[43]

---

[40] Will, C. / Daburger, J.: Interaktive Befragungen: Eine Alternative zu klassischen Marktforschungserhebungen, in: Planung & Analyse, 6, 1996, S. 22-23.

[41] Theis, H.E.: Die Multimedia-Gesetze, 1997, S. 1.

[42] Theis, H. E.: Die Multimedia-Gesetze, 1997, S. 1.

[43] Lampe, F.: Business im Internet, 1996, S. 216ff.

2.4.1. Datenschutz

Die Regelungen besagen, daß im Internet keine Daten ohne Wissen bzw. ohne Einwilligung der Testpersonen erhoben werden dürfen. Die gesetzlichen Grundlagen hierzu sind das Teledienstedatenschutzgesetz (TDDSG), das sich auf das Bundesdatenschutzgesetz (BDSG) und die Datenschutzgesetze der Länder bezieht.[44]

Eine Verarbeitung personenbezogener Daten ist demnach den Internet-Anbietern nur gestattet, wenn eine Rechtsvorschrift dies erlaubt oder die Testperson eingewilligt hat.[45] Im Hinblick auf die im späteren Verlauf beschriebene Analyse des Nutzungsverhaltens bekommen diese Vorschriften eine größere Bedeutung.

2.4.2. Datensicherheit

Die Datensicherheit bezeichnet alle Maßnahmen zum Schutz der Daten vor höherer Gewalt, vor Fehlern und vor Mißbrauch oder Zerstörung.

Für den Bereich der Marktforschung bestehen die größten Sicherheitsgefahren in einer fehlerhaften Datenübertragung und in der Gefahr des Mißbrauchs der Daten durch Dritte.

Zur Gewährleistung gibt es verschiedene Verfahren, die nachfolgend kurz beschrieben werden. Allerdings ist eine einhundertprozentige Sicherheit nicht erreichbar.

Zugriffskontrolle

Die Vergabe von Paßwörtern kann den Mißbrauch vertraulicher Daten verhindern, den unberechtigten Personen wird dadurch der Zugriff auf die zu schützenden Daten verwehrt.

Die Gefahr liegt hier in der Vergabe von unsicheren Paßwörtern. Häufig werden Vornamen, Geburtsdaten etc. verwendet, die für Dritte relativ leicht zu entschlüsseln sind.

Verschlüsselung der Daten

Ein Verschlüsselungsverfahren wandelt die zu sichernden bzw. zu übertragenden Daten in eine unleserliche Anzahl von Zeichen und Nummern um. Die Ver- und Entschlüsselung erfolgt mit einem Programm, das den entsprechenden

---

[44]   Theis, H. E.: Die Multimedia-Gesetze, 1997, S. 162f.

[45]   § 3 TDDSG.

Schlüssel enthält.[46] Die derzeit verbreitetsten Verschlüsselungsprogramme hei-
ßen PGP (Pretty Good Privacy) und S/MIME. Sender und Empfänger müssen
dabei über dasselbe Verschlüsselungsverfahren und identische elektronischen
Schlüssel verfügen.

2.5. Freiwilligkeit der Teilnahme

Befragungen, Beobachtungen oder Experimente sind grundsätzlich von der
Einwilligung des Befragten vor der Erhebung abhängig, da alles andere dem
Datenschutzgesetz und den berufsethischen Normen[47] der Marktforschung
widerspricht.

Da eine Beobachtung "eine Analyse des realen und völlig unbeeinflußten Verhaltens"[48] ergeben soll, ist diese Voraussetzung nicht immer gegeben. Sie stellt
damit unter Umständen einen Eingriff in die Intimsphäre dar und macht zumindest eine nachträgliche Einholung der Erlaubnis erforderlich.

Aus technischen Gründen werden detaillierte Daten registriert, während auf
einen Server zugegriffen wird. Die Erhebung dieser Daten erfolgt ohne ausdrückliche Einwilligung des Anwenders und kann bei Weitergabe eine Verletzung des Datenschutzes bedeuten.

2.6. Anreize für die Teilnahme

Um Internet-Befragungsteilnehmer für ihren Zeitaufwand und für Kosten, die
durch die Übertragung des Fragebogens entstehen, zu entschädigen, können
ihnen verschiedene Anreize angeboten werden.

Bei der Auswahl der Anreizform ist die Zielgruppe der Befragung miteinzube-
ziehen. Die Möglichkeit einer Auswahl zwischen mehreren Anreizen kann die
Teilnahmebereitschaft weiter erhöhen.

Der GfK-Online-Monitor beschreibt die derzeitige Internet-Nutzung als stark in-
formationsorientiert. Die Marktforscher könnten durch die Veröffentlichung be-
merkenswerter Ergebnisse diesem Informationsinteresse nachkommen und
somit Neugier und Vertrauen bei den Nutzern wecken. Durch spezielle Software[49] ist es sogar möglich, den Befragten sofort nach Beendigung der Befragung, die aktuellen Ergebnisse anzuzeigen.

---

[46] Kronenberg, F.: Online Surfing, 1997, S. 192f.

[47] Beispielsweise der ICC/ESOMAR.

[48] Salcher, E. F.: Psychologische Marktforschung, 1995, S. 97.

[49] Heidingsfelder-Gruppe: http://www.rogator.de, 07.12.98.

Eine Einbindung des Befragten in die Ergebnisverwertung hat für die Marktforschung positive Auswirkungen. Der gesamte Prozeß wird für den Befragten transparenter. Die Möglichkeit, Kommentare in eMails an das Institut oder Unternehmen zu senden, stärkt das Vertrauen der Probanden zusätzlich.

Werden Anreizen in Form von Softwareprogrammen, Geschenken oder Geldbeträgen angeboten, ist die Möglichkeit der Selbstselektion und damit die wiederholte Teilnahme an Befragungen zu beachten. Die Probleme, die daraus resultieren, sind in Kapitel 4.3 beschrieben.

3. Aktuelles Methodenspektrum der Internet-Marktforschung

Von den bereits oben erwähnten Diensten des Internet werden zur Primärmarktforschung hauptsächlich das WWW, eMail und Newsgroups verwendet.

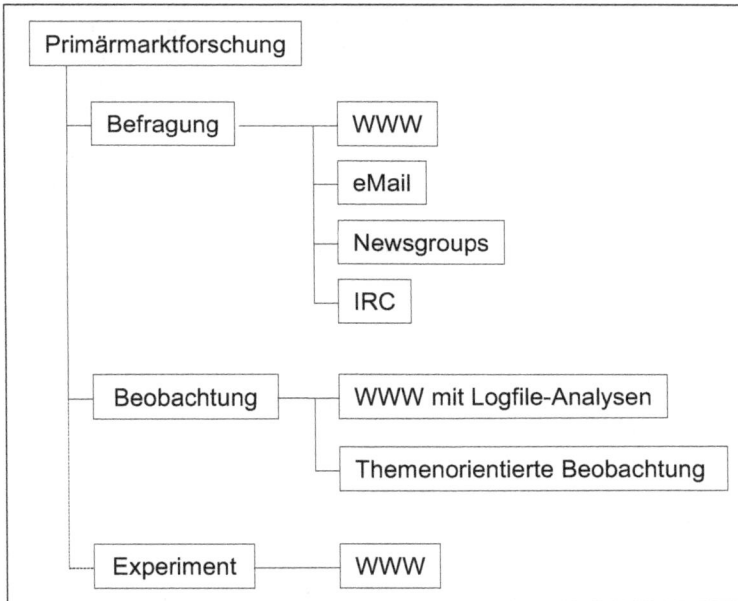

```
┌──────────────────────────────────────────────────────────────────┐
│  Primärmarktforschung                                              │
│                                                                    │
│      ┌── Befragung ──────── WWW                                    │
│      │                                                             │
│      │                      eMail                                  │
│      │                                                             │
│      │                      Newsgroups                             │
│      │                                                             │
│      │                      IRC                                    │
│      │                                                             │
│      ├── Beobachtung ────── WWW mit Logfile-Analysen               │
│      │                                                             │
│      │                      Themenorientierte Beobachtung          │
│      │                                                             │
│      └── Experiment ─────── WWW                                    │
└──────────────────────────────────────────────────────────────────┘
```

Abbildung 6: Methodenspektrum der Internet-Primärmarktforschung

Der folgende Abschnitt ist nach den verwendeten Internet-Diensten gegliedert
und nicht, wie in der gängigen Literatur[50] (Abbildung 6) üblich, nach Erhebungsmethoden. Dieser Aufbau soll es ermöglichen, die spezifischen Eigenschaften der, für die Marktforschung geeigneten, Internet-Dienste besser dar-
zustellen.

---

[50]   Lampe, F.: Business im Internet, 1996, S. 120;

Batinic, B. / Bosnjak, M.: Fragebogenuntersuchungen im Internet, in: Batinic, B. (Hrsg.):
Internet für Psychologen, 1997, S. 221-241.

3.1. World Wide Web (WWW)

Basis der Funktionsweise des World Wide Web bildet das sogenannte Hypertext-Prinzip.[51] Dieses Prinzip wird durch eine bestimmte Seitenbeschreibungssprache sowie durch Verknüpfungen zu anderen realisiert.

Dokumente, die über das WWW bereitgestellt werden, sind in einer eigenen Seitenbeschreibungssprache, der HyperText Markup Language (HTML) verfaßt. HTML ermöglicht es, nicht nur Textformatierungen, sondern auch Grafiken, Klänge, Videosequenzen oder Formularfelder in Dokumente einzubinden.[52]

Per Mausklick kann man sich durch Verknüpfungen zu anderen Netzangeboten (Hyperlinks) navigieren und sich innerhalb von Sekunden Informationen zielgerichtet weltweit beschaffen. Hyperlinks sind vergleichbar mit Querverweisen in einem Lexikon oder Buch, durch Anklicken der entsprechenden Stelle erhält der Nutzer zusätzliche oder weiterführende Informationen zu dem jeweiligen Angebot.

Dadurch ist das WWW nicht linear-hierarchisch aufgebaut wie z.B. Bücher oder Filme, sondern es stehen vielmehr alle Inhalte simultan zur Verfügung. Dieses führt auch dazu, daß die Organisation des WWW häufig als chaotisch und ungegliedert empfunden wird.

3.1.1. Befragung im WWW

Durch die Möglichkeit, in HTML-Dokumente Formularfelder einzufügen, können im WWW Befragungen durchgeführt und die erhobenen Daten automatisch an eine bestimmte Adresse übermittelt werden.

Im Gegensatz zu eMail-Befragungen werden die potentiellen Teilnehmer nicht direkt angesprochen, sondern müssen selbständig zum entsprechenden WWW-Angebot oder zur Befragung gelangen.

Zur Unterstützung von WWW- und Internet-Befragungen werden im Internet bereits einige Software-Produkte angeboten, die beim erstellen, verwalten, auswerten und präsentieren von Internet-Befragungen hilfreich sind, darunter die Programme Survey Said[53] oder Internet-Rogator[54].

---

[51] Gerdes, H.: Hypertext, in: Batinic, B. (Hrsg.): Internet für Psychologen, 1997, S. 137-154.

[52] Kronenberg, F.: Online Surfing, 1997, S. 46f.

[53] Marketing Masters: http://www.surveysaid.com, 07.12.98.

[54] Heidingsfelder-Gruppe: http://www.rogator.de, 07.12.98.

3.1.1.1. Methoden der Auswahl im WWW

Für Breiter/Batinic[55] sind die Hinweise auf Befragungen im WWW das wichtigste Kriterium für die Größe und Struktur der Stichprobe. Die Aufmerksamkeit kann durch folgende Methoden erzeugt werden:

- Alle Besucher einer Homepage werden aufgefordert, den Fragebogen zu bearbeiten.

- Durch Registrierung der Besucher einer Website, die gebeten werden, sich einzutragen und dabei persönliche Informationen zu geben. Ohne Registrierung ist kein Zugriff auf die Inhalte dieser Websites möglich.

- Anklick-Buttons sind Schaltflächen, die von den am Thema und an der Befragung interessierten Probanden wahrgenommen werden müssen. Durch das Anklicken dieser Schaltfläche werden die Probanden zum Fragebogen geführt.

- Das n-te Besucher Verfahren zählt die Zugriffe auf eine bestimmte Website. Bei jedem n-ten Zugriff wird der Ladevorgang des Besuchers auf eine Informationsseite umgeleitet und über die Befragung und das Auswahlverfahren informiert.

- Bekanntmachung der Befragung über verschiedene Dienste, z.B. Mailing-Listen, Newsgroups, Werbebanner.

- Bekanntmachung der Befragung über andere Medien, z.B. Fernsehen, Radio, Zeitungen etc..[56]

Die Verfahren sind bis auf das n-te Besucher Verfahren darauf angewiesen, daß die Teilnehmer auf die Befragung aufmerksam werden, das daraus resultierende Problem der Selbstselektion wird in Kapitel Teil I1 näher betrachtet.

3.1.1.2. WWW-Fragebogen

Ein WWW-Fragebogen ist ein HTML-Dokument, in das Formularfelder eingefügt sind. Diese Formularfunktionen von HTML werden z.B. bei den Eingabemasken der Suchmaschine oder bei Internet-Bestellungen verwendet. Im einzelnen stehen folgende Funktionen zur Verfügung:

---

[55] Breiter, A. / Batinic, B.: Das Internet als Basis für elektronische Befragungen, in: Jahrbuch der Absatz- und Verbrauchsforschung, 2, 1997, S. 214-229.

[56] Hagenhoff, W. / Pflederer, R.: Neue Methoden in der Online-Forschung, in: Planung und Analyse, 1, 1998, S. 26-30.

Texteingabefelder

Dies sind Felder, die ein- oder mehrzeilig sein können. Es können verschiedene Attribute, die das Format der Eingabe (z.B. Datum, URL[57], Dezimalzahl) festlegen, definiert werden.

Radio- und Checkbuttons

Radiobuttons sind kleine runde beschriftete Felder, von denen der Benutzer immer nur einen selektieren kann. Checkbuttons dagegen sind kleine rechteckige Felder, die eine Mehrfachmarkierung zulassen.

Listenfelder

In Listenfeldern werden dem Leser die Kategorien in einer Auswahlliste präsentiert, von denen die gewünschte Kategorie anzuklicken ist. Es besteht die Möglichkeit, bestimmte Einträge vorzuselektieren.

Ausführungsbuttons

Für Formulare sind zwei verschiedene Ausführungsbuttons vorgesehen. Der eine dient zum Abschicken des Formulars, der andere bricht die Eingabe ab und löscht die bisherigen Eingaben.[58]

In HTML-Dokumente können auch kleine Programme, die mit Java oder Java-Script verfaßt sind, eingefügt werden. Mit JavaScript können die in Formulare eingegebenen Werte auf ihre Richtigkeit hin überprüft werden und den Leser mit Fehlermeldungen informieren.

Bei der Gestaltung eines WWW-Fragebogens sollten zusätzlich die folgenden Punkte berücksichtigt werden:

- Der Internet-Nutzer entscheidet bei Aufruf des Fragebogens, ob er bereit ist, an der Befragung teilzunehmen oder nicht. Wegen der unterschiedlichen Darstellung sollte der Fragebogen auf den gängigsten Web-Browsern überprüft werden.

- Durch unterschiedliche Hard- und Softwareausstattung der Nutzer sollte in Anbetracht langsamer Datenübertragungsgeschwindigkeit und fehlender

---

[57]   Der Uniform Ressource Locator ist die genaue Adresse einer Website.

[58]   Lamprecht, S.: HTML 3.2, 1998, S. 169ff.

Speicherkapazität maßvoll mit dem Einsatz von Multimedia-Elementen um-
gegangen werden.

• Den Befragungsteilnehmern muß die Möglichkeit gegeben sein, jederzeit die
Befragung abzubrechen.

• Zur Teilnahme können kleine Anreize (siehe auch 2.6) anregen. Da es die
Aufgabe der Marktforschung ist Informationen zu sammeln, könnten den
Teilnehmern als Anreiz interessante Ergebnisse angeboten werden.

3.1.1.3. Vor- und Nachteile

Die **Vorteile** von WWW-Befragungen lassen sich wie folgt zusammenfassen:

• Einfache Durchführung und schnelle Auswertung.

• Die Darstellungsmöglichkeiten werden durch die Einbindung von Grafiken,
Tönen, Videosequenzen erweitert.

• Günstige Durchführung, keine Druck- oder Interviewerkosten.

• HTML-Fragebögen können auch als Anhang von eMails versendet und
somit universell für die Internet-Marktforschung eingesetzt werden.

Das Verfahren hat allerdings auch **Nachteile:**

• Die Teilnehmer müssen die Befragung aus eigenem Antrieb finden oder
besuchen.

• Sie können beliebig oft an der Befragung teilnehmen.

3.1.2. Beobachtungen im WWW

"Unter Beobachtung versteht man die visuelle oder instrumentelle Erhebung
von Daten zur systematischen Aufzeichnung und Auswertung des Verhaltens
von Beobachtungspersonen."[59] Eine Beobachtung ist demnach eine indirekte
Erfassung der Daten, bei der es keiner aktiven Beteiligung des Beobachteten
bedarf.

In den sogenannten Logfiles werden Server-Verbindungsdaten über die Aufrufe
unterschiedlicher Internet-Protokolle und Provider mit Anfangs- und Endzeit
gespeichert. Da diese Registrierung des Nutzungsverhaltens unter die Definition der Beobachtung fällt, wird sie als besondere Form von Datenerhebung angesehen.

---

[59] Pepels, W.: Lexikon der Marktforschung, 1997, S. 26f.

42

3.1.2.1. Logfile-Analyse

Eine systematische Auswertung von Logfiles liefert Erkenntnisse über die Nutzungsgewohnheiten und Präferenzen der Internet-Nutzer. Man kann sie daher zur Optimierung des Internet-Auftrittes und zur Messung der Werbeträgerleistung von Online-Medien verwenden.

Logfiles erfassen alle Zugriffe auf einen Web-Server und stellen somit eine Vollerhebung dar. Die Messung erfolgt passiv, d.h. sie läuft automatisch auf dem Server und für den Anwender unbemerkt ab. Durch die automatische Erfassung und Speicherung von Logfiles entstehen keine zusätzlichen Erhebungskosten und die Daten lassen sich weiter zu Sekundäranalysen verwenden.

Bei der Auswertung und Interpretation von Logfile-Analysen ist jedoch zu berücksichtigen, daß die selbe IP-Nummer[60] eines Rechners nicht mit einem einzigen Nutzer gleichzusetzen ist. Außerdem können zwar Zeitpunkte und Zeitintervalle der Nutzung erfaßt, jedoch keine Aussagen über Aufmerksamkeit, tatsächliche Anwesenheit oder Offline-Betrieb gemacht werden.

Zur Erstellung von Logfile-Analysen ist eine besondere Software[61] erforderlich, die unterschiedliche Auswertungsmöglichkeiten zur Verfügung stellen.

Aus den Logfiles lassen sich folgende Informationen entnehmen:

Protokoll

Aus den Angaben des Internet-Protokolls kann der verwendete Internet-Dienst ermittelt werden, z.B. http (HyperText Transfer Protocol) für WWW, POP (Post Office Protocol) für eMail-Eingänge oder SMTP (Simple Mail Transfer Protocol) für eMail-Ausgänge.

Anwender

Das Logfile speichert die IP-Nummer des Client-Rechners und gibt Informationen über den Provider des Besuchers und das Herkunftsland.

Bei eMail wird in Logfile die Empfänger- bzw. die Absenderadresse erfaßt.

---

[60] Ein IP-Nummer ist die Internet-Adresse bestehend aus vier Zahlengruppen, die genau einen Rechner im Internet bezeichnet.

[61] z.B. I/pro, http://www.ipro.com/products.html;

analog, http://www.statslab.cam.ac.uk/~sret1/analog/.

Besuchszeiten

In den Logfiles werden Datum, Anfangs- und Endzeiten eines Zugriffs registriert. Daraus lassen sich relativ genaue Nutzungszeiten errechnen. Es können
daraus jedoch keine Rückschlüsse auf die Offline-Nutzung gezogen werden.

Besuchsverlauf

Der Verlauf einer Internetsitzung kann aus Daten wie Reihenfolge der aufgerufenen Seiten und Ein- und Ausstiegsseite, die zu dieser Website geführt haben,
rekonstruiert werden.

Browser und Betriebssystem der Besucher

Welcher Internet-Browser und welches Betriebssystem auf den Client-Rechnern
installiert ist, wird ebenfalls erfaßt.[62]

Außer den eMail-Adressen werden von Logfiles nur rechnerbezogene Daten
aufgezeichnet. Es bestehen Kontroversen darüber, ob die Speicherung der
eMail-Adressen eine Verletzung des Datenschutzes bedeutet, da die Einwilligung zur Auswertung der Daten fehlt. In jedem Fall muß sichergestellt werden,
daß die Logfiles nicht in unberechtigte Hände oder Rechner gelangen.

Die Messung der Werbeträgerleistung in Online-Medien wird in Deutschland
von IVW[63] anhand der Auswertung von Logfiles durchgeführt. IVW verfolgt als
neutrale Kontrolleinrichtung den Zweck, "zur Förderung der Wahrheit und Klar-
heit der Werbung und damit zur Sicherung eines echten Leistungswettbewerbs
vergleichbare und objektiv ermittelte Unterlagen über die Verbreitung von Werbeträgern zu beschaffen und bereitzustellen"[64].

Für Online-Medien wurden hierzu eine Reihe von Meßgrößen definiert, die aus
den in den Logfiles enthaltenen Informationen abgeleitet sind:[65]

---

[62] Weinknecht, J.: Rechtliche Aspekte der Marktforschung im Internet, in: Planung und Analyse, 6, 1996, S. 14-20.

[63] Informationsgemeinschaft zur Feststellung der Verbreitung von Werbeträgern e.V.

[64] IVW: http://www.ivw.de/org/index.html, 27.11.98.

[65] IVW: http://www.ivw.de/verfahren/index.html, 27.11.98.

PageImpression (vorher PageView)

Bezeichnet die Anzahl der Sichtkontakte beliebiger Benutzer mit einer potentiell werbeführenden HTML-Seite. Sie liefern ein Maß für die Nutzung einzelner Seiten eines Angebotes.

Visit

Bezeichnet einen zusammenhängenden Nutzungsvorgang (Besuch) eines WWW-Angebotes. Als Nutzungsvorgang zählt ein technisch erfolgreicher Seitenzugriff eines Internet-Browsers auf das aktuelle Angebot, wenn er von außerhalb des Angebotes erfolgt.

Nutzerminuten

Für animierte und dynamisch wechselnde Inhalte bietet sich eine zeitbasierte Messung an. Diese mißt den Zeitraum, in der ein bestimmter dynamischer Inhalt für den Nutzer sichtbar ist. Über die Aufnahme einer solchen Meßgröße wird in den Gremien von IVW derzeit beraten.

Auf eine nähere Betrachtung des Meßvorganges von IVW wird im Rahmen dieser Arbeit verzichtet.

3.1.2.2. Einschränkungen

Ein grundsätzliches Problem von Logfile-Analysen ist die Genauigkeit der Daten. Der Einsatz von Proxy-Servern verhindert, daß nicht zu viele Benutzer desselben Providers (z.B. derselben Universität) eine einzelne Internet-Quelle abrufen und sich die gleichen Informationen besorgen. Nur der chronologisch erste Nutzer greift direkt darauf zu und überträgt die Informationen, die dann für weitere Benutzer auf dem Proxy-Server zwischengespeichert werden. Somit wird das zu übertragende Datenvolumen reduziert und lästige Wartezeiten verkürzt.[66]

Daraus ergibt sich für die Logfile-Analyse das Problem, daß die Zugriffe auf zwischengespeicherte Seiten bei Proxy-Servern nicht erfaßt werden können. Die angegebenen Zugriffszahlen sind daher unterschätzt.

Ein anderes Problem stellen die "Robots" der Suchmaschinen und die "Intelligent Agents" dar. Dies sind Programme, die selbständig durch das Netz navigieren und nach neuen Informationen suchen. Sie lösen somit Zugriffe auf

---

[66] O. V.: , in: Regionales Rechenzentrum für Niedersachsen (RRZN) (Hrsg.): Internet, 1996, S. 126f.

Web-Angebote aus, die von Logfiles als wahrhaftige Besuche erfasst werden und die Zugriffszahlen somit überschätzt werden.

Über das Verhältnis zwischen beiden Fehlerquellen gibt es keine konkreten Angaben.

Bei der Auswertung und Interpretation der erhobenen Logfile-Daten sind diese Einschränkungen zu beachten.

3.1.2.3. Weitere Internet-Beobachtungsverfahren

Neben der Registrierung des Nutzungsverhaltens kann das Verhalten der Teilnehmer an Newsgroups, Mailing-Listen, Chat-Foren oder zugesandten eMails beobachtet werden.

Im Rahmen dieser Beobachtungen können unterschiedliche Zielsetzungen berücksichtigt und analysiert werden:

- Welche Inhalte werden vorwiegend behandelt?

- Welche Umgangsformen pflegen die Teilnehmer?

- Wie entwickeln sich Newsgroups oder Mailing-Listen über einen größeren Zeitraum?

- Wieviele Teilnehmer beteiligen sich überhaupt atkiv?

Die hier beschriebenen Internet-Dienste (Newsgroups, Mailing-Listen) sind themenorientiert aufgebaut. Die Teilnehmer verfügen häufig über ein entsprechendes Expertenwissen und nutzen diese Dienste zur Kommunikation und Diskussion. Diese Dienste eignen sich daher auch zur Auswahl von Testpersonen für Befragungen zu bestimmten Themenbereichen.

3.2. eMail

Electronic Mail ist eine der ältesten und beliebtesten Nutzungsformen des Internet. Im Gegensatz zur herkömmlichen Post setzt das Versenden von Nachrichten per eMail die genaue Kenntnis der Adresse des Empfängers voraus.

Eine eMail Nachricht besteht aus zwei Komponenten. Die Header-Anweisungen enthalten Angaben über den Transport der eMail, z.B. Empfängeradresse, Adressen von Personen, die eine Kopie der eMail (CC:, BCC:) erhalten sollen, die Adresse, an die die Antwort geschickt werden soll (REPLY-TO:) und die Betreffzeile, die kurz über den Inhalt der eMail informieren soll. An die Header-Anweisungen schließt sich die eigentliche Nachricht an.

EMails sind textbasiert, durch die Vielfalt unterschiedlicher eMail-Client-Programme und Computer ist die Verwendung von Umlauten oder Sonderzeichen mit Vorsicht zu genießen.

Mit Hilfe von eMail kann jeder Benutzer:

- Mitteilungen an/von Einzelpersonen oder an/von Gruppen senden und empfangen.
- Textdateien, Graphiken und Multimedia als Anhang senden und empfangen.
- Informationen, z.B. Newsletters senden und empfangen.

Über den eMail-Dienst werden auch Mailinglisten, eine besondere Form von Diskussionsgruppen, realisiert. Die Teilnehmer, die an einer Mailingliste teilnehmen oder sich lediglich über ein bestimmtes Thema informieren möchten, müssen diese Liste abonnieren. Die an die Adresse der Mailingliste geschickten eMails werden danach an alle Abonnenten verteilt. Antworten können entweder direkt an den Absender oder wiederum an die Mailingliste, also an alle Abonnenten geschickt werden.

Die Vorteile von eMails sind im Vergleich zur herkömmlichen Post der geringe Kostenaufwand, die Schnelligkeit und die Einfachheit der Übertragung. Weiterhin können im Gegensatz zu WWW alle Anwender des Internet diesen Dienst nutzen.

Die Nachteile von eMail liegen in der Sicherheit der Übertragung. Zum einen gibt es derzeit noch keine dem Postgeheimnis vergleichbaren rechtlichen Verordnungen, die globale Wirkung haben. Zum anderen besteht die Möglichkeit, daß die eMails, da sie von Computersystem zu Computersystem übertragen werden, von fremden Personen gewollt oder ungewollt gelesen werden können. Ein Schutz gegen diesen Mißbrauch kann die Verschlüsselung von eMails gewährleisten.[67]

Ein weiteres zunehmendes Problem ist die unaufgefordert versendete eMail-Werbung (Spamming). Sie hat zur Folge, daß die eMail-Nutzer mißtrauischer werden und aus diesem Grund versuchen, ihre eMail-Adresse geheim zuhalten bzw. alle Posteingänge, die von unbekannten Absendern stammen, sofort zu löschen. Einige eMail-Programme sind bereits mit einer Filter-Funktionen ausgestattet. Diese überprüft eingehende Nachrichten auf bestimmte Kriterien und löst daraufhin die zuvor festgelegten Aktionen aus.

---

[67] Oenicke, J.: Online-Marketing, 1996, S. 23.

3.2.1. eMail-Netiquette

EMail dient der schnellen, sachlichen und formlosen Kommunikation. Bei der Verwendung von eMail für die Marktforschung sollte dies immer beachtet werden. Einige wichtige Regeln für die eMail-Nutzung sind:

- Fragebögen nicht unaufgefordert an unbekannte Personen versenden, dies wird bei den Nutzern als sehr störend und aufdringlich empfunden.

- Immer eine zutreffende, kurze und aussagekräftige Betreffzeile angeben.

- EMails nicht mit Abteilungsbezeichnungen, sondern mit dem Namen einer Person unterzeichnen.

- Die unterschiedliche Darstellung verschiedener eMail-Client-Programme beachten.[68]

- EMails sollten kurz und prägnant formuliert sein und nicht mehr als 40 Zeilen haben.

- GROSSSCHRIFT wird als lautes Schreien gelesen.

- Ohne Zustimmung des Autors sollten eMails nicht vom Empfänger an Mailing-Listen oder Newsgroups versendet werden.[69]

3.2.2. eMail-Befragung

Für die Primärmarktforschung kann der eMail-Dienst mehrere Funktionen erfüllen. EMails eignen sich dazu, Befragungen im WWW oder in Newsgroups anzukündigen oder bekanntzumachen, außerdem können damit Befragungen direkt durchgeführt werden.

Vor Versendung des Fragebogens ist die Befragung in einer eMail anzukündigen. Diese informiert den Empfänger über das Ziel der Befragung, die Einhaltung professioneller Standards, die Größe der folgenden eMail, den Absender und die Quelle der eMail Adresse. Es ist dabei entsprechend der Erstellung eines Begleitschreibens für eine schriftliche Befragung vorzugehen.

Die Stichprobe bei eMail-Befragungen ist in der Praxis auf Personenkreise zu begrenzen, die schon in irgendeiner Weise Kontakt mit dem Institut oder Unternehmen hatten, z.B. als Verbraucher, Händler oder Website-Besucher.[70] Je größer der Abstand zwischen dem Thema bzw. dem Auftraggeber zum Be-

---

[68] Emery, V.: Internet im Unternehmen, 1996, S. 318f.

[69] Schade, O.: Dienste im Internet, in: Batinic, B. (Hrsg.): Internet für Psychologen, 1997, S. 49-86.

[70] Dodd, J.: Market research on the Internet - threat or opportunity?, in: Marketing and Research today, 1, 1998, S. 60-66.

48

fragten ist, desto störender sind unaufgeforderte Nachrichten für die Empfänger. Verschiedene Quellen von eMail-Adressen eignen sich damit auch unterschiedlich gut für die Stichprobenbildung.[71]

Adressen-Quelle	Eignung
EMail-Adressen von Kunden oder Interessenten	empfehlenswert
Firmeneigene Mailing-Listen	bedingt empfehlenswert
Fremdbezogene Adreßlisten (z.B. über eMail-Adreßdienste)	nicht empfehlenswert

Tabelle 2: Adreßquellen für eMail-Befragungen

Zur Befragung kann zwar das Nachrichtenfeld der eMail als Fragebogen verwendet werden, aber im allgemeinen verschickt man Fragebögen in HTML oder sonstigem Format als Anhang einer eMail. Die Antworten können wiederum über das Internet oder auf herkömmliche Weise, per Post oder als Fax zurückgeschickt werden. Die Rücksendung via Internet besitzt den Vorteil, daß die Fragebögen automatisch ausgewertet werden können und eine manuelle Datenerfassung entfällt.

Bei der Gestaltung des Fragebogens für eMail-Befragungen sind auch hier die unterschiedlichen Darstellungsformen der eMail-Client-Programme zu berücksichtigen. Der Fragebogen ist so kurz wie möglich zu halten, da einige Nutzer eingehende eMails auf eine bestimmte Größe begrenzen. Bei der Formatierung sollte darauf geachtet werden, daß nicht zu große Zwischenräume für Antworten gelassen werden sollte, da sich dieses negativ auf die Dateigröße und die Übertragungszeiten auswirkt.

Analog zu den anderen Erhebungsmethoden der Marktforschung sollte den Empfängern ein kleiner Anreiz zur Beantwortung gegeben werden.

3.2.3. Vor- und Nachteile von eMail-Befragungen

Aus den vorigen Ausführungen lassen sich folgende Vor- und Nachteile von eMail-Befragungen gegenüber vergleichbaren herkömmlichen Erhebungsmethoden z.B. schriftlicher Befragungen ableiten:

---

[71] Emery, V.: Internet im Unternehmen, 1996, S. 318.

Vorteile

EMail-Befragungen:

* Sind schnell und billig durchführbar. Kleinere Fragestellungen können innerhalb weniger Tage sicher beantwortet werden.
* Setzen keine besonderen Softwarekenntnisse voraus.
* Eignen sich gut für Personenkreise die bereits in irgendeiner Beziehung zum Unternehmen stehen.
* Sind tageszeit- und ortsunabhängig.

Nachteile:

* EMails sind textorientiert, d.h. die Gestaltungs- und Formatierungsmöglichkeiten sind begrenzt.
* Es können nur einfache Sachverhalten abgefragt werden.
* Es handelt sich um eine begrenzte Zielgruppe, denn die Teilnehmer müssen eine eMail-Adresse haben.
* Geringere Antwortbereitschaft als bei schriftlichen Befragungen.[72]

3.3. Newsgroups

Newsgroups oder USENET ist nach dem WWW und eMail eine dritte Quelle zur Beschaffung von Informationen oder zum themenorientierten Austausch von Meinungen und Neuigkeiten mit anderen Anwendern.

Das Prinzip von Newsgroups wird in der Literatur häufig mit Schwarzen Brettern verglichen.[73] Jemand bringt einen Zettel mit seiner Meinung an, und jemand anderes der diese Nachricht liest, bringt dann einen Zettel mit seiner Meinung an. Alle können alles lesen und auch selbst Artikel verfassen. Der Dienst selbst basiert auf dem eMail-Dienst.

In Deutschland standen 1996 ca. 10.000 Gruppen zu Verfügung, davon 2.000 in deutscher Sprache. Die Anzahl der Leser/Abonnenten soll je nach Newsgroup von weniger als zehn bis zu einer viertel Million betragen.

Die News sind hierarchisch nach Themengebieten oder Regionen (Hauptgruppen) geordnet und enthalten einzelne Untergruppen (Newsgroups). In ihnen

---

[72] Lampe, F.: Business im Internet, 1996, S. 112.

[73] Kronenberg, F.: Online Surfing, 1997, S. 250f.

werden technische, wissenschaftliche und gesellschaftliche Themen behandelt. Der Aufbau einer Newsgroup-Adresse beinhaltet zunächst die Hauptgruppe und danach die Untergruppe(n). Die einzelnen Verzweigungsstufen sind durch ein Trennzeichen ".“ getrennt (z.B. de.alt.umfragen).

Einige Beispiele für Haupt- und Regionalgruppen sind:

Hauptgruppen

- comp   auf Computer und Informatik bezogene Themen

- news   auf Newsgroups und USENET bezogene Diskussionen

- rec   Diskussionen von Hobby und Freizeitaktivitäten

- sci   wissenschaftliche Forschung und Anwendung

- soc   gesellschaftspolitische und zwischenmenschliche Themen

Regionale Gruppen

- de   deutschsprachige Diskussions- oder Informationsgruppen

- bln   Newsgroups rund um Berlin.[74]

Die Client-Software, mit der man Artikel in Newsgroups lesen, verfassen und speichern kann, nennt man News-Reader. Die Software ist bereits in den aktuellen Versionen der Internet-Browser integriert, daneben gibt es noch speziell entwickelte News-Reader (z.B. Free Agent, WinVN).

Durch die große Anzahl der Themenbereiche und die hierarchische Aufgliederung ist es möglich, gezielt nach Informationen zu suchen und Probleme zu erkennen, die in Diskussionen häufig auftreten oder eigene Thesen zur Diskussion zu stellen.[75] Aus diesen Gründen eignen sich Newsgroups auch als Informationsquelle für die Sekundärmarktforschung.

3.3.1. Newsgroup-Netiquette

Für Newsgroups sind neben den Regeln für den eMail-Dienst weitere Verhaltensnormen zu beachten:

- Die regelmäßig erscheinenden Listen der FAQ's (Frequently Asked Questions) sind zu lesen.

- Bei einer öffentlichen Antwort auf einen Artikel sollte der Originaltext auf wenige Zeilen zusammengefaßt werden.

---

[74]   Lampe, F.: Business im Internet, 1996, S. 56ff.

[75]   Regionales Rechenzentrum für Niedersachsen (RRZN) (Hrsg.): Internet, 1996, S. 126f.

- Nachrichten bzw. Fragebögen an höchstens 4-6 relevante Newsgroups versenden. Diese sollten vor der Veröffentlichung eines Artikels oder einer Befragung über einen längeren Zeitraum beobachtet werden, um einen Eindruck für die Umgangsformen und das Thema der Gruppe zu bekommen.

- Der Titel eines Artikel entscheidet, ob der Leser mehr darüber erfahren will. Deshalb ist es notwendig einen Titel zu wählen, der darauf hinweist, daß es sich um eine Befragung handelt.

- Ein Fragebogen, der direkt in eine Newsgroup gestellt wird, sollte nicht länger als ein eMail-Fragebogen sein.

- Artikel in Newsgroups werden je nach News-Server nach 1-2 Wochen gelöscht. Wenn eine weitere Befragung notwendig ist, sollte damit ungefähr 4 Wochen gewartet werden.[76]

3.3.2. Datenerhebung in Newsgroups

Die Erhebung von Informationen direkt in Newsgroups kann im Vergleich zu den herkömmlichen Methoden am ehesten mit Gruppen-Diskussionen verglichen werden. Die Teilnehmer können sich jederzeit über den bisherigen Verlauf informieren und auch zu jederzeit eigene Meinungen einbringen. Sie müssen sich nicht an vorher vereinbarten Terminen wie z.B. zu Chat-Diskussionen einfinden, sondern sie können sich nach Lust und Laune an der Diskussion beteiligen. Aufgrund der zeitlichen Abstände zwischen den Antworten ist bei dieser Methode keine permanente Moderation möglich bzw. nötig.

Bevor eine Befragung oder Diskussion im USENET durchgeführt werden kann, ist es wichtig, die richtige Newsgroup dafür auszuwählen. Sie sollte erst eine gewisse Zeit beobachtet werden, um einen Eindruck von dem Stil und den Inhalten der ausgewählten Gruppe zu bekommen. Neben dem Thema sollten auch die geographischen Regionen, auf die sich die Newsgruppen beziehen, beachtet werden (z.B. Gruppen die mit de. beginnen für Deutschland oder muc. für München). Je besser die Umfrage zum Publikum paßt, desto geringer ist die Wahrscheinlichkeit unsinniger oder verärgerter Antworten.

Die Versendung des Fragebogens sollte höchstens an 4-6 relevante Newsgroups (Crossposting) stattfinden. Eine größere Anzahl stellt nicht nur einen Verstoß gegen die Netiquette dar, sondern durch eine Überwachungssoftware (Cancelbots) wird geprüft, wieviele Newsgroups dieselbe Nachricht erhalten haben. Sie werden bei Entdeckung automatisch gelöscht und dies dem Versender mitgeteilt.

---

[76] Schade, O.: Dienste im Internet, in: Batinic, B. (Hrsg.): Internet für Psychologen, 1997, S. 49-86.

Die praktische Durchführung ist abhängig von der Zielsetzung und dem Umfang der benötigten Informationen, die die Befragung liefern soll.

Bei einer oder wenigen Fragen kann die Befragung in Form einer Nachricht, die als Frage deklariert ist, stattfinden. Am Ende der Titelzeile sollte dann ein Fragezeichen stehen.

Das Problem bei dieser Vorgehensweise ist, daß die durch mehrere verschiedene Anfragen erhaltenen Ergebnisse nicht miteinander in Verbindung gesetzt werden können.

Bei längeren Fragebögen ist es sinnvoll, den Fragebogen nicht in die jeweilige Newsgroup zu stellen, sondern nur eine Einladung zur Teilnahme zu verschikken. Sie kann entweder über eMail bestätigt werden, woraufhin der Fragebogen per eMail versandt wird, oder ein Hyperlink führt direkt auf einen WWW-Fragebogen.[77]

Für die Veröffentlichung von Fragebögen und zur Diskussion von Umfragemethoden gibt es zwei spezielle Newsgroups:

- de.alt.umfragen (deutsch-sprachig)

- alt.usenet.surveys (englisch-sprachig)

Folgende Aspekte sollten bei der Erstellung einer Newsgroup-Befragung beachtet werden:

- Der Fragebogen muß im ASCII-Format geschrieben sein und darf keine Sonderzeichen enthalten.

- Analog zu eMail-Befragungen sollte eine Linie nicht mehr als 65 Zeichen enthalten. Andernfalls zeigen bestimmte Systeme ungewollte Zeilenumbrüche an, die den Fragebogen unleserlich machen.

- Bei multikultureller Forschung, z.B. zwischen zwei Ländern, sollte der Fragebogen nur an regionale und nicht an internationale Gruppen geschickt werden.

- Einige News-Reader zeigen dem Leser neben dem Titel auch die Länge des Artikels. Da mit zunehmender Länge die Teilnahme abnimmt, sollte die Befragung sehr präzise sein.[78]

---

[77]   Emery, V.: Internet im Unternehmen, 1996, S. 321.

[78]   Universität Giessen:
       http://www.psychol.uni-giessen.de/~Batinic/survey/faq_soft.htm, 02.11.98.

3.3.3. Vor- und Nachteile

Durch den hierarchischen Aufbau der Themen lassen sich für spezifische Befragungsthemen relevante Personengruppen genau ansteuern. Die Erreichbarkeit von Usern, die sich für bestimmte Themen interessieren, ist somit sehr hoch, und für einfache Fragestellungen können schnell fundierte Informationen erhoben werden.

Ein großes Anwendungsgebiet bietet das USENET auch für die Bekanntmachung von Untersuchungen bei bestimmten Personengruppen, die mit einer kurzen Nachricht darauf aufmerksam gemacht werden können.

Die textorientierte Darstellung eignet sich allerdings nicht für alle Fragestellungen.

Ein weiterer Nachteil ist die schwierige Selektion der richtigen Newsgroup.

Daneben besteht nicht die Möglichkeit herauszufinden, wieviele Personen den Fragebogen bzw. die Nachricht lesen aber nicht ausfüllen oder darauf reagieren.

3.4. Internet Relay Chat

Beim Internet-Relay-Chat können zwei oder mehrere Personen schriftlich von PC zu PC miteinander kommunizieren. Voraussetzung hierfür ist, daß die an der Diskussion oder Konferenz beteiligten Personen über ein Chat-Programm zeitsynchron miteinander verbunden sind.

Als Erhebungsinstrument für die Primärmarktforschung hat das IRC derzeit noch keine Bedeutung.

3.4.1. IRC-Netiquette

Zusätzlich zu den bereits beschriebenen Verhaltensnormen bei eMail und Newsgroups gelten für Chatforen folgende Besonderheiten:

- Keine falschen Identitäten angeben, nur Pseudonyme sind erlaubt.

- Protokolle, die von den Chat-Programmen erstellt werden, sollten nicht im Internet veröffentlicht werden.

- Wer in einen Chat-Kanal eingeloggt ist sollte auch an der Kommunikation teilnehmen.[79]

---

[79] Schade, O.: Dienste im Internet, in: Batinic, B. (Hrsg.): Internet für Psychologen, 1997, S. 49-86.

3.4.2. Internet-Diskussionen

Um diesen Dienst für die Marktforschung sinnvoll nutzbar zu machen, sind einige Besonderheiten zu beachten:

- Die Diskussionsteilnehmer sollten vor der Diskussion selektiert werden.

- Es sollte sich um geschlossene Kanäle handeln, bei denen nicht jeder User beliebig einsteigen kann.

Online-Gruppendiskussionen können herkömmliche Gruppendiskussionen nicht ersetzen. Eine wahre Form interaktiven und spontanen Dialoges, bei dem auch Mimik und Gestik eine wichtige Rolle spielen, ist online nur bedingt möglich. Auch für den Moderator ist es leichter, das Gespräch bei physischer Anwesenheit der Teilnehmer zu lenken, Grundstimmungen zu erfassen und entsprechend die Diskussionsführung zu beeinflussen.[80]

3.4.3. Vor- und Nachteile

Durch längere Beantwortungszeiten ist die Antwortqualität höher, und die Antworten sind oft durchdachter. Der Einsatz von Multimedia-Elementen kann einen zusätzlichen Stimulus erzeugen. Auftraggeber können als Beobachter die Diskussion verfolgen. Um die Diskussion besser zu steuern, stehen dem Moderator zwei Möglichkeiten zur Verfügung:

- Flüstermodus, d.h. Nachrichten nur an einzelne Teilnehmer zu senden.

- Pausemodus, d.h., der Moderator kann warten bis alle Teilnehmer geantwortet haben, bevor er die Antworten anzeigt.

Nach Beendigung der Diskussion liegt sofort ein Protokoll der Diskussion vor. Räumliche Entfernungen spielen keine Rolle mehr, somit sind weitere Möglichkeiten zur Kosteneinsparung gegeben.[81]

Der Nachteil von Online-Diskussionen liegt darin, daß die Teilnehmer während der gesamten Diskussionsdauer "online" sein müssen. Für Diskussionsteilnehmer die sich über eine Telefonleitung einwählen, bedeutet dies je nach Tageszeit eine große Kostenbelastung.

Dadurch schränkt sich das Anwendungsgebiet dieser Methode stark ein. Jedoch stellt diese Methode für Expertenbefragungen eine interessante Alternative zu herkömmlichen Gruppendiskussionen dar.

---

[80] Naether, F.T.: Goldene Zeiten für Marktforscher, in: Absatzwirtschaft, 12, 1995, S. 62-66.

[81] Hagenhoff, W. / Pfleiderer, R.: Neue Methoden in der Online-Forschung, in: Planung und Analyse, 1, 1998, S. 26-30.

3.5. Sonderform Internet-Panel

Ein Panel wird definiert als "...ein bestimmter, gleichbleibender Kreis von Adressaten, bei dem in regelmäßigen zeitlichen Abständen Erhebungen zum (im Prinzip) gleichen Untersuchungsgegenstand durchgeführt werden. Das kann schriftlich, telefonisch, u.U. auch mündlich oder durch Beobachtung geschehen."[82]

Die bisher beschriebenen Erhebungsmethoden sind Ad-hoc-Untersuchungen, die zeitpunktbezogene Ergebnisse liefern. Die Panelforschung liefert zeitraumbezogene Ergebnisse, die wirtschaftliche und gesellschaftliche Entwicklungen dokumentieren.

Bei der Verwendung des Internet zur Erhebung der Paneldaten können die oben beschriebenen Internet-Erhebungsmethoden verwendet werden. Neben den für die jeweiligen Erhebungsmethoden geltenden Besonderheiten sind einige spezielle Merkmale der Panelforschung zu beachten.

3.5.1. Die Panel-Stichprobe

Die gleichbleibende (identische) Stichprobe stellt eine Voraussetzung in der Definition des Panels dar.[83] Dies erfordert eine genaue Definition der Grundgesamtheit, über die Aussagen getroffen werden sollen. Über die Internet-User als Grundgesamtheit besteht allerdings im Moment noch ein Mangel an Referenzdaten, da diese sich sehr schnell und dynamisch entwickelt.

Für die Stichprobenbildung sollten die oben beschriebenen Internet-Methoden verwendet werden, denn die Teilnehmer brauchen zumindest einen eMail-Zugang.

Während des Bestehens des Panels kommt es unweigerlich zu Veränderungen in der Struktur der Stichprobe. Es gibt immer Entwicklungen in der Struktur der Grundgesamtheit, die auf die Stichprobe übertragen werden müssen. Es kann außerdem zu Verweigerungen der Mitarbeit innerhalb des Panels kommen, sodass eine geeignete Ersatzperson zum Erhalt der Stichprobe herangezogen werden muß.

3.5.2. Durchführung

Zur Erhebung können die oben beschriebenen Internet-Dienste eingesetzt werden. Den Teilnehmern wird ein Kennwort für die Untersuchung zugeteilt und sie

---

[82] Berekoven, L. / Eckert, W. / Ellenrieder, P.: Marktforschung, 1996, S. 123f.

[83] Berekoven, L. / Eckert, W. / Ellenrieder, P.: Marktforschung, 1996, S. 123.

werden regelmäßig aufgefordert, z.B. die entsprechende Internet-Seite zu besuchen und den Fragebogen auszufüllen.

Aufgrund der größeren Anforderungen an die Teilnehmer erhalten diese in regelmäßigen Abständen Anreize, die von Ergebnisauswertungen über Produkte bis hin zu Verlosungen von größeren Preisen variieren können. Eine Auswahlmöglichkeit kann die Teilnahmebereitschaft zusätzlich erhöhen.[84]

3.5.3. Vor- und Nachteile

Durch Verwendung der Internet-Dienste können die Vorteile, die für die eingesetzte Internet-Erhebungsmethode gilt, ausgeschöpft werden. Der größte Vorteil besteht in der Aktualität der erhobenen Daten, da die Daten bereits digitalisiert sind.

Die Verwendung des Internet zur Datenübertragung bei herkömmlichen Panels könnte die Aktualität dieser Ergebnisse auch steigern.

Neben den Nachteilen, die durch die eingesetzte Internet-Erhebungsmethode entstehen, ist bei Internet-Panels mit einer erhöhten Panelsterblichkeit, z.B. durch wechselnde Internet-Adressen oder zurückgehende Neugier, zu rechnen.

Daraus resultiert ein größerer Kontrollaufwand zur Erhaltung der Stichprobe.

---

[84] Dodd, J.: Market research on the Internet - threat or opportunity?, in: Marketing and Research today, 1, 1998, S. 60-66.

4. Gegenwärtige Grenzen der Datenerhebung im Internet

Für die Auswertung und Interpretation der mit dem Internet erhobenen Daten ist eine Kenntnis der Grenzen, die das Medium für die primäre Marktforschung beinhaltet, von großer Bedeutung.

4.1. Internet-Dienste zur Primärmarktforschung

Der zur Primärmarktforschung verwendete Internet-Dienst schränkt die Eignung und Verwendung des Internet zur Datenerhebung ein. Tabelle 3 faßt die Eigenschaften der einzelnen Internet-Dienste hinsichtlich ihrer Kommunikation und der Eignung zur Datenerhebung zusammen. Die zunehmende Integration der Internet-Dienste in das WWW und die Möglichkeit, beispielsweise Bilder, Töne oder HTML-Dokumente an eMail-Nachrichten anzuhängen, erschweren die genaue Abgrenzung zwischen den Internet-Diensten.

Internet-Dienst	WWW	eMail	Newsgroups	IRC
Sender-Empfänger-Verhältnis:	Sehr weit, jeder Nutzer, der die entsprechende Internet-Adresse kennt, könnte an der Untersuchung teilnehmen	Eng, mindestens eMail Adresse muß bekannt sein, damit der Fragebogen verschickt werden kann	Weit, Informationen werden thematisch gegliedert veröffentlicht. Der Empfänger charakterisiert sich nur durch das Interesse am Thema	Sehr eng, direkte Kommunikation zwischen Sender und Empfänger
Darstellung:	Texte, Bilder , Töne	Textbasiert	Textbasiert	Textbasiert
Multimedia-Elemente:	Ja	Nein	Nein	Nein
Kommunikationsart:	Asynchron	Asynchron	Asynchron	Synchron
Zielgruppe:	Unbekannt	Bekannt (empfehlenswert)	Unbekannt	Bekannt
Fragebogen:	Ist auf dem Server gespeichert und kann von den Teilnehmern abgerufen werden	Wird an Teilnehmer verschickt	Wird von Teilnehmer abgerufen	Vorbereitete Fragen aus einem Leitfaden können eingefügt werden
Ausschöpfung:	Variabel, von der Bekanntheit der Untersuchung abhängig	Gering, von den Teilnehmern abhängig	Gering, von der Thematik abhängig	Hoch, räumlich weit entfernte Teilnehmer können befragt werden
Auswertung:	Automatisch	Manuell, automatisch	Manuell, Protokoll liegt sofort vor	Manuell, Protokoll liegt sofort vor

Tabelle 3: Übersicht der Internet-Dienste zur Primärmarktforschung

Die Übersicht zeigt, daß sich die Eigenschaften der Internet-Dienste auf die Eignung zur Datenerhebung auswirken.

Beispielsweise sind eMail oder Newsgroup-Befragungen durch ihr enges Sender-Empfänger-Verhältnis für vergleichsweise kleine Zielgruppen geeignet. Größere Zielgruppen können zwar auch über eMail erreicht werden, allerdings bietet das WWW durch Möglichkeiten zur multimedialen Darstellung und der standardisierten Erfassung und Auswertung größere Anwendungsbereiche als die textbasierten eMail- oder Newsgroups.

Die synchrone Kommunikation, die für einen IRC benötigt wird, führt durch die ständige Verbindung zu hohen Übertragungskosten. Sie eignet sich jedoch z.b. für Experteninterviews, bei denen die Überbrückung großer räumlicher Entfernungen einen erheblich höheren Kostenaufwand bedeuten würde. Demgegenüber bestehen bei eMail, Newsgroups oder das WWW durch die asynchrone Kommunikation keine zeitlichen Beschränkungen und geben so den Teilnehmern größere Freiheiten.

4.2. Fragebogengestaltung

Aufgrund der aktiven Rolle des Befragungsteilnehmers und den damit verbundenen Freiheiten in der Online-Nutzung sind besondere Anforderungen an die Fragebogengestaltung zu stellen.

Fragenformulierung

Entsprechend der Frageformulierung bei den herkömmlichen Erhebungsmethoden sind die Fragen so zu stellen, daß jeder Befragte sie verstehen kann.

Durch das Fehlen des Interviewers können Frageformen nicht verwendet werden, bei denen es auf spontane Reaktionen oder die Interaktion zwischen Interviewer und dem Befragten ankommt.

Da z.B. Online-Befragungen im WWW theoretisch von Orten in der ganzen Welt aufgerufen werden können, werden sprachliche Barrieren vermehrt auftreten. Je nach Untersuchungsgegenstand kann es daher sinnvoll sein, den Fragebogen in zwei oder mehreren Sprachen abzufassen, z.B. in deutsch und englisch. Viele Unternehmen bieten in ihren Homepages bereits die Möglichkeit einer Sprachauswahl an.

Fragebogenlänge

Die Fragebogenlänge ist für eine erfolgreiche Online-Erhebung ein bedeutender Faktor. Für eMail- oder Newsgroup-Befragungen sollte er aus Darstellungsgründen nicht länger als 40-70 Zeilen oder 2 Bildschirmseiten sein. Eine Befragung im WWW ist auf ca. 10-20 Minuten zu begrenzen.

Fragebögen, deren Ausfüllen zu viel Zeit beansprucht, bergen die Gefahr, daß es zu vorzeitigen Abbrüchen kommt oder mit einer Beantwortung gar nicht erst begonnen wird. Zusätzlich benötigen große Fragebögen mehr Speicherkapazität und erhöhen damit die Übertragungszeit.

Fragebogenlayout

Das Layout kann sich auf den Erfolg der Befragung ambivalent auswirken. Audio- und Bilddateien unterstützen als Vorlagen den Fragetext. Zudem erhöhen die bereits erwähnten Möglichkeiten der multimedialen Gestaltung bei HTML-Fragebögen die Motivation der Testpersonen.

Aufwendig gestaltete Fragebögen erzeugen wiederum das Problem der begrenzten Übertragungskapazität.

Man muß immer beachten, daß die einzelnen Internet-Browser zu unterschiedlichen Bildschirmdarstellungen des Fragebogens führen. Aus diesem Grund sollten WWW-Fragebögen im voraus immer auf den gängigsten Internet-Browsern getestet werden.

Filterführung und Benutzerhilfen

Computergestützte Datenerhebung ermöglicht eine dynamische Befragung. Durch automatische Filterführung kann der Befragungsablauf je nach Antwortverhalten gesteuert werden.

Durch das Fehlen eines Interviewers können allerdings Unklarheiten, die bei der Beantwortung entstehen, nicht beseitigt werden, so daß es vermehrt zu Falschantworten kommen kann. Allerdings besteht die Möglichkeit, individuelle Benutzerhilfen einzublenden. Bei der Verwendung solcher Hilfen muß vorausgesetzt sein, daß sie fehlerfrei und zuverlässig funktionieren. Dies erfordert in der Programmierungs- und Testphase höchste Sorgfalt, erhöht allerdings auch die Übertragungsdauer und den Speicherbedarf der Fragebogendatei.

Fragebogenerstellung

Ein wichtiger Aspekt bei der Erstellung ist die parallele Entwicklung einer Datenbasis für die Auswertung. Der Forscher erhält zur Auswertung keinen Fragebogen, sondern einen Datensatz, der den bei der Fragebogenerstellung festgelegten Eigenschaften entspricht.

Eine Reihe von Software-Herstellern hat sich auf die Entwicklung spezieller Internet-Befragungsprogramme konzentriert. Diese verfügen über integrierte Auswertungs- und Präsentationswerkzeuge. Sie sind vor allem für Institute und Unternehmen geeignet, die keine Mittel für eine eigene Software-Entwicklung aufbringen können, jedoch das Internet vermehrt zur Datenerhebung einsetzen wollen.

Informationen über diese Software sind über das Internet bei den Herstellern erhältlich. Beispiele hierfür sind Survey Said[85], der Internet-Rogator[86] oder die Programme I/Pro[87] und Analog[88] zur Analyse von Logfiles.

Selbstprogrammierte HTML-Formulare

Bei vorhandener Kenntnis in der Erstellung von HTML-Dokumenten besteht die Möglichkeit, sich den jeweiligen Anforderungen entsprechende Fragebögen mit Hilfe von Formularen selbst zu entwickeln. Diese mit Abstand günstigste Methode stellt auch die riskanteste dar, da sie das größte Fehlerpotential in sich birgt.

Mit Java oder JavaScript können kleine Programme geschrieben werden, sogenannte Java-Applets, die in HTML-Dokumente eingebunden und zur Überprüfung der Eingaben oder als Filter verwendet werden können. Java ist eine von der Firma Sun Microsystems entwickelte Programmiersprache die sich an der Programmiersprache C++ orientiert und die Erstellung von dynamischen HTML-Dokumenten ermöglicht.[89]

Verwendung von Konvertierungsprogrammen

Aktuell verwendete Office-Anwendungen verfügen über Funktionen, die es erlauben, mit Text-, Tabellen- oder Grafikprogrammen erstellte Dokumente ins HTML-Format zu konvertieren. Zudem bieten diese Anwendungen bereits eigene Editoren zur Erstellung von HTML-Dokumenten bzw. Formularen an.[90]

---

[85] Marketing Masters: http://www.surveysaid.com, 07.12.98.

[86] Heidingsfelder-Gruppe: http://www.rogator.de, 07.12.98.

[87] I/Pro: http://www.ipro.com, 14.10.98.

[88] University of Cambridge Statistical Laboratory:
      http://www.statslab.cam.ac.uk/~sret1/analog/, 07.12.98.

[89] Lamprecht, S.: HTML 3.2, 1998, S. 285ff.

[90] Lamprecht, S.: HTML 3.2, 1998, S. 337ff.

Welche der angegebenen Verfahren für die Entwicklung des Fragebogens verwendet werden, hängt von der Einsatzhäufigkeit, dem Untersuchungsziel und der Organisation der Marktforschung ab.

4.3. Gütekriterien der Erhebung

Das zur Erhebung verwendete Erhebungsinstrument beeinflußt in starkem Maße die Qualität der erhobenen Daten. Als Kriterien werden hierzu drei Größen verwendet:

- Objektivität
- Reliabilität
- Validität[91]

4.3.1. Objektivität

Von den drei Arten der Meßobjektivität spielen für die Datenerfassung via Internet nur zwei eine Rolle.[92]

Bei der Datenerhebung via Internet ist die **Durchführungsobjektivität** sehr hoch, da kein Interviewer anwesend ist, der den Befragten beeinflussen könnte. Diese Tatsache gilt bedingt bei Online-Diskussionen über das Internet Relay Chat. Dabei kann der Moderator entscheidenden Einfluß auf die Diskussion ausüben um z.B. Meinungsführer zu bremsen.

Durch standardisierte Erfassungs- und Auswertungssoftware ist auch die **Auswertungsobjektivität** gegeben.

Die **Interpretationsobjektivität** ist in großem Maße abhängig vom Untersuchungsleiter und nicht vom Erhebungsinstrument. Durch die weitgehend standardisierten Online-Erhebungen werden diese Interpretationsfreiheiten reduziert.

4.3.2. Reliabilität

Reliabilität oder Zuverlässigkeit einer Erhebung beschreibt die formale Genauigkeit der Merkmalserfassung. Ein Erhebungsinstrument ist unter der Voraussetzung konstanter Bedingungen reliabel, wenn die Meßwerte präzise und stabil, d.h. bei wiederholter Messung reproduzierbar sind.[93]

---

[91] Berekoven, L. / Eckert, W. / Ellenrieder, P.: Marktforschung, 1996, S. 86f.

[92] Berekoven, L. / Eckert, W. / Ellenrieder, P.: Marktforschung, 1996, S. 86.

[93] Berekoven, L. / Eckert, W. / Ellenrieder, P.: Marktforschung, 1996, S. 87.

Die Reliabilität wird in dieser Hinsicht von folgenden Faktoren beeinflußt:

* Äußere Einflüsse
* Veränderte Einstellungen der Befragten
* Auftretende Lerneffekte

Die Datenerhebung via Internet erfolgt elektronisch und ist vollstandardisiert. Es kann in dieser Hinsicht von einer formal konstanten Erhebungssituation ausgegangen werden.

Zunehmende Erfahrung mit dem Medium beeinflußt das Antwortverhalten. Die aktivere Rolle der Probanden bei der Befragung gegenüber herkömmlichen Erhebungsformen verschafft ihnen weiterhin den Eindruck, das Geschehen der Befragungssituation kontrollieren zu können. Dies wirkt sich entweder positiv (z.b. größere Auskunftsbereitschaft aufgrund des daraus erwachsenden Sicherheitsgefühles) oder negativ (z.b. durch Antwortverweigerung) aus.[94]

4.3.3. Validität

Die Validität oder Gültigkeit eines Erhebungsinstrumentes liegt vor, wenn es den zu untersuchenden Sachverhalt tatsächlich erfaßt. Hierbei wird zwischen der internen und der externen Validität unterschieden.[95]

Interne Validität

Sie ist gewährleistet, wenn während der Untersuchung keine unkontrollierten Störeinflüsse auftreten. Bei der Datenerhebung via Internet ist keine Kontrolle der Erhebungssituation durchführbar. Es können zwar mögliche Interviewereinflüsse ausgeschlossen werden, jedoch besteht die Gefahr anderer Störeinflüsse z.B. mehrere Nutzer befinden sich am Rechner und nehmen an der Untersuchung teil.

Folgende Faktoren können die interne Validität von Datenerhebungen via Internet zusätzlich beeinflussen:

* Falsche Protokollierung oder Codierung durch das Computersystem.
* Uneindeutige oder falsche Darstellung eines Befragungsobjektes.
* Art der Fragestellung.[96]

---

[94] Müller, S. / Kesselmann, P.: Akzeptanz von computergestützten Erhebungsverfahren, in: Marketing, 3, 1996, S. 191-202.

[95] Berekoven, L. / Eckert, W. / Ellenrieder, P.: Marktforschung, 1996, S. 88.

[96] Götte, A. / Kümmerlein, K.: Der Einsatz von Multimedia in der Marktforschung, in: Planung & Analyse, 6, 1996, S. 36-41.

Bei diesen Faktoren handelt es sich jedoch um Störeinflüsse, die durch Pretests und sorgfältig vorbereitete Erfassungssysteme minimiert werden können.

Externe Validität

Sind die Ergebnisse einer Untersuchung generalisierbar, d.h., kann von der Stichprobe auf die jeweilige Grundgesamtheit geschlossen werden, ist externe Validität gegeben.

Beim Internet ist diese aufgrund der unbekannten Grundgesamtheit der Internet-Nutzer nicht gegeben. Das dynamische Wachstum der Grundgesamtheit in Kombination mit einer hohen Fluktuation der Teilnehmenden macht es schwierig bis unmöglich, auf diesem Weg eine Zufallsstichprobe zu ziehen. Somit lassen sich die Ergebnisse auch nur bedingt verallgemeinern. Daher sind für bevölkerungsrepräsentative Untersuchungen telefonische oder postalische Umfragen besser geeignet.[97]

Ein vor allem bei WWW-Befragungen auftretendes Problem ist die Möglichkeit der Selbstselektion, d.h. diejenigen, die den Fragebogen beantworten, wählen sich selbst als Probanden aus. Dieses Problem ist aber kein internetspezifisches, sondern es tritt auch dort als „Ausfallquote" auf, wo die Auswahl durch den Forscher erfolgt, z.B. bei Interviews oder schriftlichen Befragungen.[98]

Das Problem der Selbstselektion könnte mittels verfeinerter Auswahlmethoden (z.B. N-te Besucher Methode[99], Rekrutierung über persönlichen Kontakt oder Kennwortvergabe) gelöst werden.

Vermehrt wird auch in repräsentativen Untersuchungen (z.B. GfK Online-Monitor) die Nutzung von Online-Angeboten abgefragt. Die daraus resultierenden Merkmale der Grundgesamtheit lassen dann eine Gewichtung der erhobenen Daten z.B. nach dem Quota-Verfahren[100] zu.

4.4. Kontrolle

Zur Erreichung und Sicherung der Datenqualität sind während des gesamten Untersuchungsablaufes Kontrollen durchzuführen. Die Kontrollmöglichkeiten für

---

[97] Breiter, A. / Batinic, B.: Das Internet als Basis für elektronische Befragungen, in: Jahrbuch der Absatz- und Verbrauchsforschung, 2, 1997, S. 214-229.

[98] Friedrichs, J.: Methoden empirischer Sozialforschung, 1990, S. 133.

[99] Rank, G.J.: Online-Marktforschung, in: Jahrbuch der Absatz- und Verbrauchsforschung, 2, 1998, S. 190-197.

[100] Berekoven, L. / Eckert, W. / Ellenrieder, P.: Marktforschung, 1996, S. 55ff.

die Datenerhebung im Internet können von bereits verwendeten computergestützten Erhebungsmethoden (CAPI, CATI) übernommen werden.

Kontrolle während der Erhebung

Durch die Festlegung bestimmter Meßkriterien, z.b. der Bearbeitungszeit bestimmter Fragekomplexe, kann sichergestellt werden, daß Fragebögen, die solche Meßkriterien nicht einhalten, nicht ohne eine zusätzliche Überprüfung in die
Auswertung gelangen.[101]

In geschlossenen Fragen können zugelassene Wertebereiche definiert werden.
Durch Hilfestellungen wird der Proband dann auf eine Falscheingabe aufmerksam gemacht und zur Neueingabe aufgefordert.

Die Überprüfung der Daten kann auch mit Hilfe von Java oder JavaScript-
Programmen erfolgen.

Kontrolle der Daten

Eine für die Qualität der Erhebung wichtige Kennziffer ist die Rücklaufquote.
Breiter und Batinic[102] schlagen zu ihrer Überprüfung eine Auswertung der
Sende- und Empfangsquote vor. Der Server registriert beim Aufruf des Frage-
bogens den aufrufenden Rechner mit seiner Internet-Adresse. Während des
Absendens des ausgefüllten Fragebogens wird der Inhalt mit der Adresse des
aufrufenden Rechners in eine Datei auf dem Server gespeichert. Dadurch kann
die Anzahl der ausgefüllten und abgeschickten Fragebögen ins Verhältnis zur
Anzahl der lediglich aufgerufenen Fragebögen gesetzt werden, welches der
Rücklaufquote entspricht. Einschränkend ist jedoch dazu zu sagen, daß bei
dieser Art der Messung die Problematik der Proxy-Server auftritt. Wiederholtes
Aufrufen des Fragebogens wird dabei nicht als Aufruf beim Server registriert.

Die Auswertung der Protokolldatei beim Server liefert weitere Aufschlüsse über
die Qualität von Befragungen. Aus diesen Daten können Erkenntnisse über die
regionale Verteilung der Teilnehmer und der bevorzugten Befragungszeit gewonnen werden.

---

[101] Niehoff, R.: Qualität hinter den Kulissen, in: Planung & Analyse, 2, 1998, S. 36-41.

[102] Breiter, A. / Batinic, B.: Das Internet als Basis für elektronische Befragungen, in: Jahrbuch
der Absatz- und Verbrauchsforschung, 2, 1997, S. 214-229.

4.5. Kosten der Erhebung

Durch die wachsende Konkurrenz steigt der Kostendruck in den Unternehmen und Instituten. Dies führt zu einem Bestreben nach kostengünstiger Informationsgewinnung. Kann ein Informationsbedarf mit verschiedenen Methoden gedeckt werden, so muß die Rentabilität der einzelnen Verfahren verglichen werden. Neben den Kosten muß auch die Datenqualitäten der in Frage kommenden Methoden verglichen werden.[103]

Aufgrund zahlreicher Einsatzvarianten von etablierten Erhebungsmethoden und der Erhebung via Internet kann ein Kostenvergleich hier nur anhand einzelner Faktoren erfolgen.

Einsparungen lassen sich besonders in den variablen Kostenbestandteilen realisieren. Das ganze oder teilweise Wegfallen von Kosten für die Datenerhebung und Datenerfassung fällt insbesondere bei größeren Stichproben ins Gewicht.

Demgegenüber steigt der Fixkostenanteil durch möglichen Programmierungsaufwand für die Datenerhebung und -erfassung.

Die Wiederverwendbarkeit bereits erstellter Fragebögen oder deren Modifikationen spricht aber für die Effizienz der Online-Verfahren.

4.6. Zeitaufwand

Der Zeitaufwand, den die Datenerhebung, -übertragung und -auswertung in Anspruch nimmt, beeinflußt in starkem Maße die Aktualität der erhobenen Daten. Die zunehmende Dynamik sowohl innerhalb als auch außerhalb der Unternehmen und Institute führt zu einer wachsenden Bedeutung aktueller Informationen.[104]

Das Internet als Erhebungsinstrument wird diesen zunehmenden Ansprüchen in mehrerer Hinsicht gerecht. Das bereits beschriebene Wegfallen von räumlichen und zeitlichen Einschränkungen machen es möglich, weltweit und innerhalb weniger Tage Daten zu erheben. Die Feldzeit von Untersuchungen kann sich dadurch, bei ausreichender Bekanntheit der Untersuchung, beträchtlich verkürzen. Durch die elektronische Erfassung werden die Daten unverzüglich ausgewertet, und die zeitraubende und fehleranfällige manuelle Datenerfassung entfällt.

Kleinere Modifikationen am Fragebogen oder Untersuchungsdesign können kurzfristig durchgeführt und überprüft werden.

---

[103] Götte, A. / Kümmerlein, K.: Der Einsatz von Multimedia in der Marktforschung, in: Planung & Analyse, 6, 1996, S. 36-41.

[104] Berekoven, L. / Eckert, W. / Ellenrieder, P.: Marktforschung, 1996, S. 429f.

Durch das Internet realisierte Zeiteinsparungen wirken sich natürlich auch auf die Kosten und den Ertrag aus.

4.7. Grenzen der Übertragbarkeit der Erhebungsmethoden auf das Internet

Aussagen, die aufgrund ihrer hohen Subjektivität oder durch bestehende Barrieren wie soziale Erwünschtheit oder heikle Themen schwer zu erfassen sind, erfordern in der Marktforschung besondere Befragungstechniken. Sie sind stark von der Interaktion zwischen Interviewer und Befragten abhängig und liegen im Bereich der psychologischen Marktforschung, deren Ziel die Verhaltenserklärung ist.[105]

Nur über den IRC-Dienst ist es bedingt möglich, die oben beschriebenen Aussagen via Internet zu erfassen. Die Schwierigkeit liegt in der räumlichen Trennung und den damit verbundenen Problemen der Schaffung einer vertrauenswürdigen Gesprächsatmosphäre. Außerdem lassen IRC-Interviews keine Interpretation von non-verbalem Verhalten oder spontanen Äußerungen zu. Der Internet-Dienst CU-SeeMe (siehe 5.2), in dem Bild- und Tonübertragung möglich sind, könnte da Abhilfe schaffen. Es ist jedoch fraglich, inwieweit es damit möglich sein wird, eine für die psychologische Marktforschung wichtige, vertrauensvolle Gesprächsatmosphäre zu erzeugen.

---

[105] Salcher, E. F.: Psychologische Marktforschung, 1995, S. 2ff.

5. Entwicklungspotentiale der Primärmarktforschung im Internet

Die dynamische Entwicklung des Internet erschwert die Voraussage der weiteren Entwicklung über eine längeren Zeitraum. Die Überschrift "Zukunft – denke in Monaten, nicht in Jahren"[106] beschreibt diese Dynamik treffend. Die Entwicklungen für die Marktforschung, im speziellen für die Primärmarktforschung, sind stark von der Entwicklung des Mediums Internet und dessen Rahmenbedingungen abhängig.

5.1. Entwicklung der Internet-Rahmenbedingungen

Die zunehmende Kommerzialisierung und der Ausbau der Übertragungskapazitäten der Netze werden die bisherige Struktur des Internet nachhaltig verändern. Abweichende Auffassungen über die weitere Entwicklung des Mediums von Politik, Wirtschaft und Wissenschaft bergen die Gefahr, daß der offenen Kommunikation und dem freien, schnellen Informationsaustausch, die für den bisherigen Erfolg des Internet verantwortlich waren, Schranken gesetzt werden.

Davon abgesehen hängt die Entwicklung der Rahmenbedingungen im Internet und damit die Veränderung des Mediums von weiteren Faktoren ab:

- Technische Entwicklung
- Neue Zugangsmöglichkeiten
- Nutzungsbezogene Entwicklungen
- Rechtliche Entwicklung

5.1.1. Technische Entwicklungen

Dieser Bereich unterliegt einer so großen Dynamik, daß schon die Entwicklungen der nächsten sechs Monate kaum absehbar sind.

Steigende Nutzerzahlen und die stärkere Verwendung multimediafähiger Browser führen je nach Internetanschluß zu langen Wartezeiten und langsamen Verbindungen. Die Gebrauchsqualität und folglich auch die Attraktivität des Internet verschlechtern sich dadurch. Die Bereitstellung von zusätzlichen Netzkapazitäten erfordert jedoch einen sehr hohen Investitionsbedarf.[107]

In einem anderen Bereich wird an der Benutzerfreundlichkeit der Computer gearbeitet. Die Bedienung sollte so einfach sein wie die eines Fernsehers oder

---

[106] Ellsworth, J.H. / Ellsworth, M.V.: Marketing on the Internet, 1997, S. 307.

[107] Lampe, F.: Business im Internet, 1996, S. 221f.

Videorecorders. Dies schließt auch eine Vereinfachung der Installation eines Internet-Zuganges ein.[108]

5.1.2. Neue Zugangsmöglichkeiten

Der übliche Internet-Zugang ist die Einwahl mit einem Modem über einen Internet-Provider (z.b. T-Online, AOL). Die Anschaffung ist kostengünstig, da die notwendige Software (Internet-Browser) Bestandteil der gängigsten Betriebssysteme ist und Modems in neuen PC's z.T. vorinstalliert sind. Der Nachteil dieser Zugangsart liegt zum einen in den Grundgebühren der Internet-Provider und in den tageszeitabhängigen, hohen Telefonkosten für die Verbindung, zum anderen ist die Übertragungsrate des installierten Modems begrenzt.

Über die herkömmlichen Telefonanschlüsse ist eine maximale Übertragungsrate von 56 Kbps[109] erreichbar. Dies führt bei aufwendigen Websites zu langen Wartezeiten. Diese Übertragungsraten lassen sich durch die Verwendung eines digitalen ISDN-Anschlusses (Integrated Services Digital Network) auf 64 Kbps, bei Kanalbündelung sogar auf 128 Kbps erhöhen.[110]

Die kommende Digitalisierung des Fernsehens wird eine einfachere Nutzung des Internet über den Fernseher erlauben. Der Zugang erfolgt über den Telefonanschluß und einer sogenannten Internet-Box, die an den Fernseher angeschlossen wird. Die Navigation im Internet erfolgt über Fernbedienung bzw. Tastatur. Dieser Zugang schafft Erreichbarkeit für Personen, die keinen PC besitzen und sich auch keinen anschaffen möchten. Allerdings ist die Software noch unausgereift und die Darstellung auf dem Bildschirm noch nicht zufriedenstellend.[111]

Ein für die Marktforschung relevanter Nachteil wäre die Verwendung der Fernbedienung zur Navigation, dies erschwert z.B. die Beantwortung von offenen Fragen.

5.1.3. Nutzungsbezogene Entwicklungen

Sie sind abhängig von den technischen Entwicklungen des Internet und den Lerneffekten bei der Verwendung.

---

[108] Oenicke, J.: Online-Marketing, 1996, S. 179.

[109] Kilobit pro Sekunde.

[110] Emery, V.: Internet im Unternehmen, 1996, S. 29f.

[111] Schild, W.: Die ganze Welt des Internet aus dem Fernseher, in: Die Welt, 15.10.98, 1998, S. 8.

Das bereits oben beschriebene Zusammenwachsen der Medien Fernsehen und Internet wird sicherlich auch die Nutzungsintensität und Nutzerschicht verändern. Über das Internet könnten dann zum herkömmlichen Fernsehprogramm zusätzliche Informationen angeboten werden und durch die Verbindung mit ecommerce neben der Werbung unmittelbare Transaktionen erfolgen.

In den USA gibt es bereits 400.000 Nutzer des "Internet-Fernsehens". In Europa herrscht dagegen noch Zurückhaltung, und die Anbieter beschränken sich auf die Erklärung der neuen Technologie und die Beschreibung der Vorteile.[112]

Eine Erweiterung der Fernsehforschung könnte im Fall des Internet-Fernsehens neben der bisherigen Erhebung der Zuschauerzahlen die Intensität der Nutzung erforschen, beispielsweise inwieweit das Fernsehprogramm ergänzende Informationen genutzt bzw. von den Zuschauern nachgefragt werden.

5.1.4. Rechtliche Entwicklungen

Ein Ziel bei der Entwicklung des Internet war die Schaffung eines Kommunikationsmediums ohne zentrale Leitstelle. Die Sicherung des laufenden Betriebes und die Festlegung allgemeiner Richtlinien und Standards werden von internationalen Organisationen übernommen. Nur wenige Verwaltungsaufgaben sind zentral organisiert, z.B. die Zuteilung von Internet-Adressen. In den USA übernimmt das "Network Information Center" NIC diese Aufgabe, in Deutschland ist die DE-NIC, das "Deutsche Network Information Center" dafür verantwortlich.[113]

Von Land zu Land abweichende Rechtsnormen führen zu einer unklaren Rechtsprechung. Eine der wichtigsten Fragen in diesem Zusammenhang ist, welches nationale Gesetz bei Verstößen zur Anwendung kommt.[114]

5.2. Entwicklungspotentiale der bestehenden Erhebungsmethoden

Immer öfter werden herkömmliche Erhebungsmethoden versuchsweise auf das Internet übertragen.

Es wird beispielsweise vereinzelt zu Tests als Sonderform der Primärerhebung verwendet. Das Ziel von Tests ist es, die optimalen Produkteigenschaften, Verpackungen und wirkungsvolle Werbemaßnahmen zu finden.[115]

---

[112] Weber, A.: Sehen, klicken, kaufen, in: Horizont, 28, 1998, S. 66.

[113] Kronenberg, F.: Online Surfing, 1997, S. 33.

[114] Emery, V.: Internet im Unternehmen, 1996, S. 115.

[115] Kastin, K. S.: Marktforschung mit einfachen Mitteln, 1995, S. 48ff.

Insbesondere das World Wide Web, aber auch firmeneigene Mailing-Listen, bieten sich in erster Linie zu Tests an, die Internet-Auftritte bzw. -Werbung durch Einbindung neuer Dokumente optimieren sollen. Durch Internet-Befragungen und Logfile-Analysen können Aussagen über den Erfolg dieser Aktionen gewonnen werden. Die Vorteile dieser Tests liegen in der kontrollierten Erhebungssituation und der schnellen Durchführung.

Eine besondere Internet-Testform sind Software-Tests. Den Testpersonen wird die entsprechende Software per Internet zur Verfügung gestellt, die während der Nutzung zu bewerten ist. Die einfache Bereitstellung der Software und eine zugängliche Stichprobe werden die Anwendungsbereiche dieser Testform vergrößern.[116]

Der Internet-Dienst CU-SeeMe bietet die Möglichkeit, Online-Interviews oder Online-Diskussionen mit Bildübertragung durchzuführen. Im Unterschied zu herkömmlichen face-to-face-Interviews oder Gruppendiskussionen, bei denen es auf die physische Anwesenheit ankommt, sitzen sich die Beteiligten jeweils am Bildschirm gegenüber. Für die Internet-Marktforschung bedeutet dies eine Erweiterung der Befragungstechniken und Anwendungsgebiete. Aber es gehen einige bei herkömmlich durchgeführten Interviews oder Diskussionen auftretende Reaktionen verloren.

Diese Verfahren setzen jedoch eine entsprechende Hardware-Ausstattung (Kamera, Mikrofon) bei den Teilnehmer voraus. Da bislang nur ein geringer Kreis von Nutzern damit ausgestattet ist, wird die Anwendung dieses Dienstes stark eingeschränkt. Zusätzlich verursachen fehlende Übertragungskapazitäten qualitativ schlechte Darstellungen und Verzögerungen.

Die Anwendung inhaltsanalytischer Methoden auf die in den verschiedenen Internet-Diensten angebotenen Informationen können wichtige Erkenntnisse über die Entwicklung der Online-Kommunikation, die Absender, deren Einstellungen und der Kommunikationsziele liefern. Die Bedeutung von Inhaltsanalysen wird durch die Verwendung des Internet zunehmen, denn in diesem Rahmen können WWW-Angebote, Diskussionen in Newsgroups oder Mailing-Listen untersucht werden.

Welche Faktoren die Datenerhebung im Internet beeinflussen, wird momentan in einer Reihe von Forschungsprojekten über Wirkung und weitere Einsatzmöglichkeiten des Internet zur Datenerhebung untersucht.

---

[116] Dodd, J.: Market research on the Internet - threat or opportunity?, in: Marketing and Research today, 1, 1998, S. 60-66.

Diese Projekte werden in diversen Foren diskutiert, z.B. der German Internet Research List (GIR-L) der Universität Giessen[117] oder in den von der Deutschen Gesellschaft für Online-Forschung (GOR) organisierten Konferenzen.[118]

Von der Definition des Untersuchungsproblemes bis zur Präsentation kann das Internet zur Primärmarktforschung verwendet werden. Marktforschungsprojekte werden durch steigende Erfahrungs- und Lerneffekte effizienter gestaltet und durchgeführt. Die Qualität der Informationen wird durch die Beachtung der Besonderheiten des Mediums gewährleistet.

Das Wachstum des Internet wird dazu führen, daß weitere Phasen des Marktforschungsprozesses über das Internet durchgeführt werden. Die hohe Geschwindigkeit der technischen Entwicklung bedeutet für die Marktforschung eine große Herausforderung. Eine stetige Verfeinerung und Weiterentwicklung der Erhebungsmethoden, die nahezu parallel zu den technischen Entwicklungen abläuft, wäre hier anzustreben.

---

[117] Universität Giessen: http://www.psychol.uni-giessen.de/~Batinic/survey/gir-l.htm, 14.09.98.

[118] Deutsche Gesellschaft für Online-Forschung e.V.i.G. (Hrsg.): German Online Research 98, 1998, S. 26.

Teil III "Primärmarktforschung im Internet" eine empirische Erhebung

1. Untersuchungsdesign

Der theoretische Teil dieser Diplomarbeit wurde durch eine postalische Befragung von Marktforschungsinstituten zum Thema "Primärmarktforschung im Internet" ergänzt. Der Aufbau der Befragung orientierte sich am Thema der Diplomarbeit.

Der Versand der Fragebögen fand Mitte Juli 1998 statt. Dem Fragebogen wurde ein Begleitschreiben (siehe Anhang Teil IV1), das über den Zweck der Befragung informiert, sowie ein adressierter und frankierter Rückumschlag beigefügt.

Die Grundgesamtheit der Untersuchung stellten Marktforschungsinstitute dar, die bereits Marktforschung mit Hilfe des Internet betreiben. Sie wurden auf Basis einer Spezialstichprobe[119] aus einer im Internet zugänglichen Adressenliste von ComCult Research[120] sowie dem BVM-Handbuch der Marktforschungsunternehmen[121] ausgewählt.

Die Stichprobengröße ist durch die spezifische Zielsetzung und der kleinen Grundgesamtheit auf ca. 40 Marktforschungsinstitute in Deutschland begrenzt. Die Überprüfung des Fragebogens erfolgte in einem Pretest bei 5 Instituten.

Die befragten Marktforschungsinstitute besitzen durch ihre Erfahrungen mit dem Internet und Vergleichsmöglichkeiten zu den herkömmlichen Erhebungsmethoden ein Expertenwissen, das zur Beantwortung der zugrundeliegenden Zielsetzung helfen sollte. Im einzelnen wurden folgende Ziele angestrebt:

- Die Ermittlung der Verwendung des Mediums Internet im Marktforschungsprozeß.

- Die Grenzen des Internet als Instrument für die Marktforschung.

- Die Eignung des Internet als Marktforschungsinstrument.

- Die Entwicklung des Internet als Instrument für die Marktforschung.

---

[119] Kastin, K.S; Marktforschung mit einfachen Mitteln, 1995, S. 77.

[120] ComCult Research: http://www.comcult.de/, 05.05.98.

[121] Berufsverband Deutscher Markt- und Sozialforscher e.V. (Hrsg.): BVM Handbuch der Marktforschungsunternehmen 1997, 1997, S. 600.

2. Ergebnisse

Die Ergebnisse dieser Befragung erheben keinen Anspruch auf Repräsentativität für die Institute, die Internet-Marktforschung betreiben, können aber Anregungen für zukünftige Forschungen liefern.

2.1. Rücklauf

In Anbetracht der Tatsache, daß es sich bei den Befragten um Marktforschungsinstitute handelte, ist die Ausschöpfung nach Auffassung des Autors relativ niedrig. Dies kann teilweise auf die Jahreszeit der Befragung zurückgeführt werden. In Abbildung 7 ist der Rücklauf grafisch dargestellt.

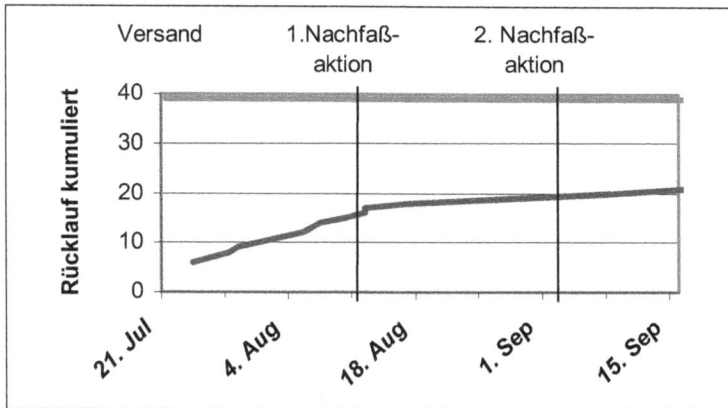

Abbildung 7: Rücklaufverteilung der Fragebögen

Über 70% (15) der beantworteten Fragebögen kamen bis zur ersten telefonischen Nachfaßaktion zurück. Die zweite Nachfaßaktion, die schriftlich mit Fragebögen durchgeführt wurde, ergab bis zum 15. September 1998 lediglich 3 weitere Rücksendungen.

Insgesamt gingen 21 Fragebögen in die Auswertung der Ergebnisse ein. Unter den 39 anfänglich selektierten Instituten führen zwei nach eigenen Angaben keine Datenerhebungen im Internet durch, zwei geben aus unternehmenspolitischen Gründen keine Auskünfte und bei einem Institut war die exakte Adresse nicht zu ermitteln. Drei Institute haben den Fragebogen bearbeitet, führen aber (noch) keine Primärerhebungen via Internet durch.

2.2. Struktur der Institute

Die Institute, die an der Befragung teilgenommen haben, sind über alle Alters-
und Größenklassen verteilt. Ein Schwerpunkt liegt hier bei Instituten, die nicht
älter als 20 Jahre sind und weniger als 10 Mitarbeiter beschäftigen.

Gesamt		21	100%
Institutsalter	bis 5 Jahre	6	29%
	5 bis 20 Jahre	10	48%
	mehr als 20 Jahre	5	24%
Beschäftigte	bis 10 Beschäftigte	11	52%
	10 bis 100 Beschäftigte	6	29%
	mehr als 100 Beschäftigte	4	19%
Stellung im Institut	Geschäftsführung	13	62%
	Leiter Marktforschung/ Leiter Erhe-bungsmethoden/ Studienleiter	6	29%
	Informatiker	2	10%

Tabelle 4: Struktur der teilnehmenden Institute

Der Fragebogen wurde zum größten Teil von Personen bearbeitet, die an der
Geschäftsführung beteiligt sind. Die Stellung der Befragten im Unternehmen
macht den Stellenwert deutlich, den die Internet-Marktforschung in diesen
Instituten schon hat bzw. noch haben wird.

Ursprünglich vermutete Abweichungen des Antwortverhaltens, das auf Insti-
tutsalter, -größe oder Stellung im Institut zurückzuführen ist, konnte durch die
kleine Stichprobe nicht nachgewiesen werden.

2.3. Allgemeine Merkmale des Internet und der User

Der bewußte Einsatz des Internet zeigt sich nach Ansicht der Befragten sowohl
an der gezielten Auswahl von Internet-Diensten als auch an der Verwendungs-
absicht, z.B. zur Informationsbeschaffung und Kommuni-kation (eMail).

Durch niedrigere Einstiegsschwellen und leichtere Zugangsmöglichkeiten werden ihrer Meinung nach immer breitere Gesellschaftsschichten angesprochen,
was sich durch die stetig steigende Zahl der Internet-Nutzer und den wachsenden Frauenanteil bestätigt. Das Internet entwickelt sich zum "normalen" Medium.

Die meistgenannten Vorteile des Internet liegen in den Kostenvorteilen und der
räumlichen und zeitlichen Ungebundenheit.

Demgegenüber stehen zunehmende technische Einschränkungen durch wachsende Datenmengen. Zudem schadet Mißbrauch, z.B. die Verbreitung des

Gedankengutes rechter Randgruppen oder Kinderpornographie, dem Image des Internet.

Direkte Nachteile für die Datenerhebung in der Marktforschung sind die einge-fahrenen User-Strategien, die durch die Unübersichtlichkeit des "Datendschun-gels" ausgelöst werden, und die unaufgeforderte Versendung von Werbebot-schaften über eMail und Usenet.

2.4. Verwendung des Internet zur Marktforschung

Aus betriebswirtschaftlicher Sicht bestehen für die Datenerhebung über das Internet große Potentiale zur Kosten- und Zeitersparnis. Weitere Vorteile liegen wieder in der räumlichen Ungebundenheit und den daraus resultierenden Aktualitäts- und Kostenvorteilen. Dadurch eignet es sich gut für die Durchfüh-rung bestimmter Methoden wie z.b. Delphie-Studien, Business-to-Business- und Sekundärmarktforschung.

Aus methodischer Sicht bietet das Internet für die Marktforschung wesentlich dynamischere Gestaltungsmöglichkeiten bei der Erstellung des Fragebogens. Automatische Filterführung und Hilfestellungen erhöhen die Datenqualität und unterstützen den Befragten bei der Teilnahme. Audiovisuelle Gestaltung stei-gert die optische Attraktivität, sodass die Aufmerksamkeit des Probanden ge-fördert wird.

Die Nachteile des Internet für die Marktforschung liegen in der mangelnden Repräsentativität der Daten, da bisher keine ausreichend verläßlichen Angaben über die Grundgesamtheit der Internet-User vorliegen.

Die derzeitig bestehenden Kontrollmöglichkeiten bei der Datenerhebung und -auswertung werden ebenfalls für nicht ausreichend angesehen. Ausschöpfung und Akzeptanz bei Internet-Erhebungen würden auch auf Seiten der Auftragge-ber nicht den an Datenerhebungsmethoden gestellten Anforderungen entspre-chen.

Ein Vergleich zu den herkömmlichen Erhebungsmethoden ergab, daß das Internet noch keinen festen Platz im Methodenspektrum einnimmt.

Erhebungsmethode	Mittelwert
	Skala: 1 (am häufigsten verwendet) bis 7 (am wenigsten verwendet)
CATI	2,2
face-to-face	2,9
CAPI	3,7
Schriftlich	3,8
via Internet	4,2
Test	4,3
Beobachtung	5,4

Tabelle 5: Verwendete Erhebungsmethoden

Die bei den befragten Instituten meistverwendeten Erhebungsmethoden sind CATI und face-to-face-Befragungen. Die herkömmliche "Beobachtung" besitzt die geringste Bedeutung.

Innerhalb der Internet-Erhebungsmethoden finden WWW-Befragungen am häufigsten statt. Online-Beobachtungen werden zwar von vielen Instituten, aber nur gelegentlich durchgeführt.

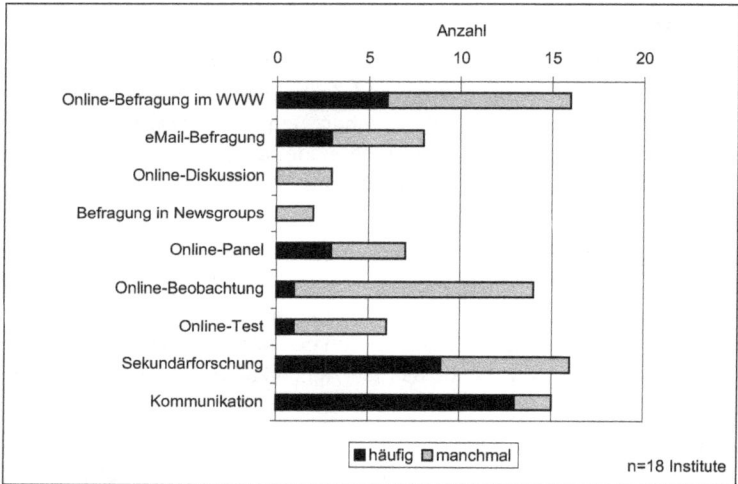

Abbildung 8: Verwendung von Internet-Marktforschungsmethoden

Das Befragungsergebnis zeigt auch, daß das Internet bisher eher zu Kommunikation und Sekundärmarktforschung als zur Primärerhebung genutzt wird.

Im Vergleich zu den herkömmlichen Methoden hat das Internet Vorteile in den Punkten Aktualität der Daten, Geschwindigkeit und geringere Kosten.

Die Schwächen des Internet als Erhebungsinstrument liegen für die Institute in der Datenqualität, d.h. Repräsentativität, Reliabilität, Validität und Ausschöpfung.

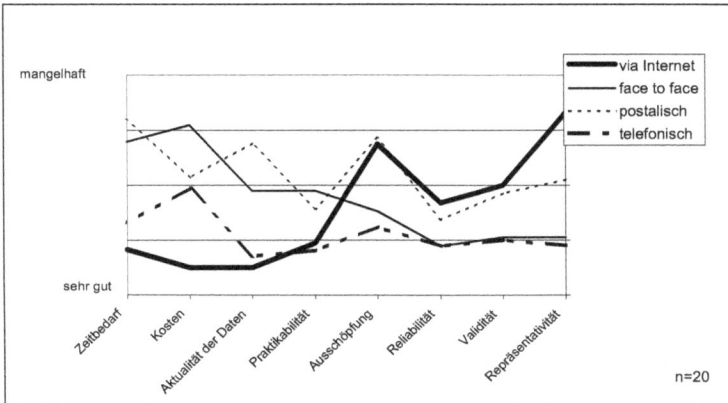

Abbildung 9: Bewertung der Erhebungsmethoden

2.5. Besonderheiten und Grenzen der Internet-Marktforschung

Die Schwächen liegen in der Stichprobenbildung und der noch geringen Reichweite und Akzeptanz des Internet (die aber beide stark zunehmen, siehe 2.3).

Die teilweise unzureichende technische Ausstattung auf Teilnehmerseite und fehlende Übertragungskapazitäten der Netzwerke erhöhen die Kosten und erschweren den Einsatz des Internet. Bei der Fragebogengestaltung (Frageformulierung, Fragebogenlänge und Filterführung) sind diese Faktoren zu berücksichtigen.

Die Repräsentativität wird von den Befragten als die größte Schwäche des Internet angesehen. Das Internet eignet sich nur zu Befragungen spezieller Zielgruppen (Internet-User, Website-Besucher etc.), für bevölkerungs- oder online-user-repräsentative Befragungen ist das Internet nicht als Erhebungsinstrument geeignet.

Die Standpunkte über die Bedeutung der Stichprobengröße gehen bei den Befragten auseinander. Für einen Teil der Institute spielt sie keine Rolle, da sie nichts über die Repräsentativität aussagt. Für andere ist sie von dem verwendeten Auswahlverfahren und dem Untersuchungsgegenstand abhängig. Ein weiterer Teil stellt lediglich Anforderungen an eine Mindest-Stichprobengröße.

Bei der Auswahl von Zielpersonen muß Selbstselektion unbedingt vermieden werden. Verfahren hierzu stehen bereits zur Verfügung (N-ten Besucher Methode, Kombination mit Telefon oder Kennwortvergabe bei Panelteilnehmern).

Die getrennte Speicherung und Auswertung von persönlichen und erhobenen Daten muß gewährleistet sein, um dem Datenschutz gerecht zu werden. Durch bestimmte Methoden, z.B. Kennwortvergabe und Verschlüsselungstechniken, kann dies gewährleistet werden.

2.6. Entwicklung der Internet-Marktforschung in den kommenden zwei Jahren

Die große Mehrheit der Befragten geht davon aus, daß das Internet in naher Zukunft eine weitere Erhebungsmethode für die Marktforschung darstellen wird. Dies liegt an den noch bestehenden Restriktionen des Mediums auf bestimmte Zielgruppen (z.B. Internet-User etc.), den Schwächen in der Repräsentativität und schließlich an den spezifischen Vorteilen anderer Erhebungsmethoden gegenüber dem Internet.

Nur ein geringer Teil der Befragten hält eine Substitution einzelner bestehender Erhebungsmethoden für möglich, Gründe dafür sind die neue Technologie, die damit verbundenen Vorteile in Geschwindigkeit und Kosten und der Entwicklung neuer Forschungsmethoden. Zweifel bestehen allerdings daran, ob sich diese Entwicklung bereits in den nächsten 2 Jahren vollziehen wird.

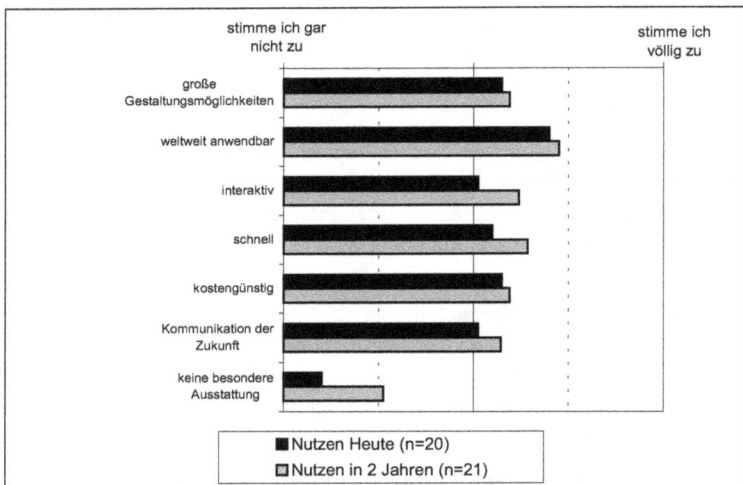

Abbildung 10: Nutzen des Internet für die Marktforschung

Vor allem in den Bereichen Interaktivität und Geschwindigkeit werden die Potentiale des Internet besser ausgenutzt werden, so die Institute. Die Internet-

Ausstattung von Hard- und Software wird dann zur Standardausrüstung der Institute gehören.

Die räumliche Ungebundenheit wird heute schon als Vorteil empfunden, in Zukunft wird man sie noch mehr zu schätzen wissen.

Im Bereich der Primärdatenerhebung über das Internet verfügen die Online-Beobachtungen in der nahen Zukunft über das größte Wachstumspotential. Befragungen in Newsgroups werden im Rahmen der Marktforschung keine großen Entwicklungschancen zugetraut.

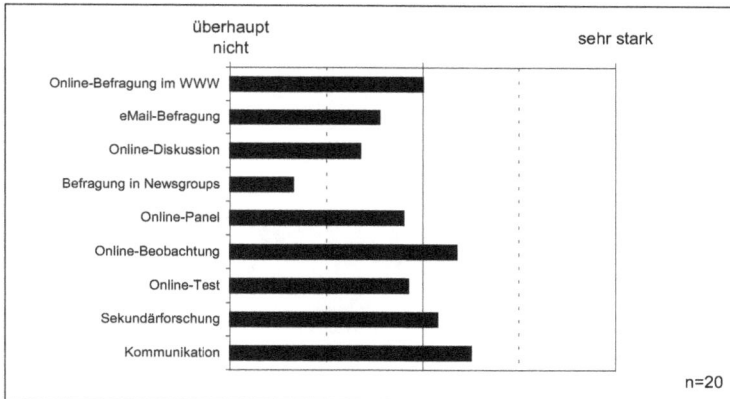

Abbildung 11: Wachstumschancen der Internet-Marktforschungsmethoden

Im Vergleich zu den derzeitig verwendeten Erhebungsmethoden (Abbildung 8) kann davon ausgegangen werden, daß sich die Verwendung auf Online-Beobachtungen und WWW-Befragungen konzentrieren wird. Dies entspricht der in der aktuellen Literatur vertretenen Meinung. [122]

2.7. Schlußfolgerung

Marktforschungsinstitute stehen den Möglichkeiten der Datenerhebung mit dem Internet grundsätzlich positiv gegenüber. Das Internet nimmt als Medium zur Primärmarktforschung aber noch keinen festen Platz im Methodenspektrum ein, lediglich zur Informationsbeschaffung und Kommunikation wird es regelmäßig

---

[122] Emery, V.: Internet im Unternehmen, 1996, S. 315ff

Ellsworth, J.H. / Ellsworth, M.V.: Marketing on the Internet, 1997, S. 56ff.

eingesetzt. Damit werden im Moment die Vorteile des Internet, also Aktualität und Geschwindigkeit, ausgeschöpft.

Die Nachteile werden in der Qualität der primär erhobenen Daten gesehen. Diese Tatsache schränkt den Einsatz als Erhebungsinstrument ein.

Die derzeit bedeutendste Methode ist die Befragung im WWW. Dabei sind bevölkerungsrepräsentative Umfragen nicht möglich, die Erreichbarkeit beschränkt sich auf internetspezifische Zielgruppen. Diese Besonderheit wird sich in Zukunft als Stärke des Mediums herausstellen. Das Internet wird als weitere Erhebungsmethode eingesetzt werden und an Bedeutung gewinnen, ohne jedoch bestehende Methoden zu ersetzen. Außerdem wird es zur Durchführung und Verfeinerung bestehender Verfahren herangezogen werden.

Teil IV Fazit

Das Internet wird derzeit hauptsächlich zu Befragungen im WWW und Beobachtungen in Form von Logfile-Analysen verwendet.

Die größten Möglichkeiten für die Marktforschung stehen im WWW zur Verfügung. Durch die Integration der hier vorgestellten Internet-Dienste (eMail, Newsgroups, Chatforen) in das WWW werden diese in naher Zukunft von einer Plattform bzw. einem Internet-Browser abrufbar sein.

Die Vorteile der Datenerhebung mit dem Internet sind die Geschwindigkeit, Kostenvorteile und Gestaltungsmöglichkeiten, desweiteren bestehen bei der Datenerhebung keine zeitlichen und räumlichen Restriktionen. Die Nachteile liegen in der Datenqualität, vor allem in der derzeitig mangelnden Repräsentativität. Die Entwicklung geeigneter Auswahlverfahren steht hierbei im Vordergrund.

Primärmarktforschung im Internet kann andere Erhebungsmethoden noch nicht ersetzen, da diese ebenfalls ihre spezifischen Vorteile besitzen. Es wird in Zukunft aber immer mehr an Bedeutung gewinnen, auch weil durch das Zusammenwachsen der Medien Internet und Fernsehen neue Formen der Informationsgewinnung entstehen und eine breitere Gesellschaftsschicht erreicht werden kann.

Bisher wurden bestehende Erhebungsmethoden auf das neue Medium Internet übertragen. Die zukünftigen Entwicklungen sollten aber dahin gehen, daß sie die Eigenschaften des Mediums mehr in den Vordergrund stellen, indem die Erhebungsform daran angepaßt wird oder alte Erhebungsmethoden internetspezifisch weiterentwickelt werden.

Anhang

1. Begleitschreiben

Fachhochschule Pforzheim	Fachbereich 07	Markt- u. Meinungsforschung Prof. Dr. Zerr Datum

Institutsadresse

Postalische Befragung zum Thema: "Primärmarktforschung im Internet"

Sehr geehrte Damen und Herren,

im Rahmen eines Forschungsprojektes an der Fachhochschule Pforzheim wird derzeit eine Diplomarbeit zum Thema Internet-Marktforschung angefertigt. Konkret geht es um die Erfassung der Einsatzpotentiale, Grenzen und Entwicklungsmöglichkeiten des Internet für die Primärmarktforschung.

Dazu wird eine schriftliche Befragung von Marktforschungsinstituten durchgeführt. Aufgrund des spezifischen Themas wurden nur solche Institute ausgewählt, die bereits Internet-Marktforschung einsetzen, entsprechend klein ist die Stichprobe und um so wichtiger ist Ihre Teilnahme für den Erfolg des Projektes. Der Zeitbedarf für die Beantwortung des Fragebogens beträgt ca. 30 Minuten.

Infolge der begrenzten Bearbeitungszeit für die Diplomarbeit möchte ich Sie bitten, den ausgefüllten Fragebogen bis spätestens **«Frist»** an die Fachhochschule zurückzusenden.

Die Ergebnisse dieser Befragung dienen ausschließlich wissenschaftlichen Zwecken, d.h., es gibt keinen Auftraggeber. Ihre Angaben werden selbstverständlich in anonymisierter Form ausgewertet.

Nach Abschluß der Untersuchung sendet Ihnen Herr Dominik Decker, Bearbeiter des Themas, auf Wunsch eine Ergebniszusammenfassung zu.

Bei Rückfragen stehen wir Ihnen selbstverständlich zur Verfügung (Dominik Decker, Tel. 07231/565107; Prof. Dr. Konrad Zerr, Tel. 07231/28-6206).

Ich würde mich sehr freuen, wenn Sie durch Ihre Teilnahme dieses Projekt unterstützen.

Vielen Dank im voraus und mit freundlichen Grüßen

Prof. Dr. Konrad Zerr

Anlage:　　Fragebogen
　　　　　　Frankierter Rückumschlag

2. **Fragebogen**

1. **Wenn Sie an die Veränderungen im Nutzungsverhalten der Internet-Nutzer denken,**

1a. welches sind die aus Sicht der Marktforschung 3 wichtigsten *positiven* Veränderungen im Nutzungsverhalten, die Sie bei den Internet-Nutzern in den letzten 2 Jahren beobachten konnten?

1. _____
2. _____
3. _____

1b. welches sind die aus Sicht der Marktforschung 3 wichtigsten *negativen* Veränderungen im Nutzungsverhalten, die Sie bei den Internet-Nutzern in den letzten 2 Jahren beobachten konnten?

1. _____
2. _____
3. _____

2. **Sie setzen das Internet bereits zu Marktforschungsaktivitäten ein. Welches waren hierfür die 3 ausschlaggebenden Gründe?**

1. _____
2. _____
3. _____

3. **Wenn Sie an die Vorteile und Nachteile denken, die das Internet für die Datenerhebung der Marktforschung mit sich bringt,**

3a. welches sind Ihrer Meinung nach die 3 größten *Vorteile*, die das Internet für die Datenerhebung der Marktforschung mit sich bringt?

1. _____
2. _____
3. _____

3b. welches sind Ihrer Meinung nach die 3 größten *Nachteile*, die das Internet für die Datenerhebung der Marktforschung mit sich bringt?

1. _____
2. _____
3. _____

4. Wenn Sie nun an die von Ihrem Institut gegenwärtig verwendeten Erhebungsmethoden denken, welches sind die von Ihrem Institut am häufigsten, am zweithäufigsten usw. verwendeten Erhebungsmethoden? *(Bilden Sie eine Rangreihe von 1 (am häufigsten verwendet) bis 7 (am wenigsten verwendet))*

		Rang
a.	face to face-Befragung	
b.	CAPI	
c.	CATI	
d.	Schriftliche Befragung	
e.	via Internet	
f.	Beobachtung	
g.	Test	

5. Welche *Internet*-Marktforschungsmethoden betreiben Sie gegenwärtig in Ihrem Institut, und seit wann?

		häufig	manchmal	überhaupt nicht	seit (Jahr)
a.	Online-Befragung im WWW	☐	☐	☐	_____
b.	eMail-Befragung	☐	☐	☐	_____
c.	Online-Gruppendiskussion (in Chat-Foren)	☐	☐	☐	_____
d.	Befragung in Newsgroups	☐	☐	☐	_____
e.	Online-Panel	☐	☐	☐	_____
f.	Online-Beobachtung (z.B. Nutzungsanalysen von Websites)	☐	☐	☐	_____
g.	Online-Test (z.B. von Software)	☐	☐	☐	_____
h.	Sekundärmarktforschung im Internet	☐	☐	☐	_____
i.	Kommunikation (z.B. mit Kunden und/oder Interviewern)	☐	☐	☐	_____
j.	Andere wenn ja, welche	☐	☐	☐	_____

**6. Wenn Sie nun an die verschiedenen Erhebungsmethoden der Markt-
forschung denken, wie bewerten Sie die einzelnen Erhebungsmethoden im Hinblick auf die Erfüllung der angeführten Aspekte?** *(Bewerten
Sie alle Aspekte je Erhebungsmethode anhand einer Noten-Skala von 1
(sehr gut) bis 5 (mangelhaft))*

	face to face	telefonisch	postalisch	via Internet
a. Repräsentativität				
b. Validität				
c. Reliabilität				
d. Praktikabilität				
e. Ausschöpfung				
f. Aktualität der Daten				
g. Kosten				
h. Zeitbedarf				

**7. Der Verwendung des Internet für die Marktforschung sind auch Gren-
zen gesetzt. Welches sind Ihrer Meinung nach momentan die 3 größten Einschränkungen, die den Einsatz des Internet als Erhebungsinstrument für die Marktforschung beeinträchtigen?**

1. _____

2. _____

3. _____

8. Wenn Sie nun an die _Datenerhebung via Internet_ denken, was ist Ihrer Meinung nach bei den folgenden Aspekten besonders zu beachten?

a. Fragebogen-
gestaltung: _____

_____

_____

b. Stichprobengröße: _____

_____

_____

c. Datenkontrolle: _____

_____

_____

d. Auswahlverfahren: _____

_____

_____

e. Repräsentativität _____

_____

_____

f. Datenschutz: _____

_____

_____

g. Sonstige: _____

_____

_____

_____

9. **Wenn Sie an den Nutzen denken, den Ihnen das Internet *heute* für die Marktforschung bringt, welchen der angegebenen Aussagen stimmen Sie zu und welchen der Aussagen stimmen Sie nicht zu?** *(Bitte bewerten Sie die Aussagen anhand der Skala)*

	stimme ich völlig zu		stimme teilweise zu/ teilweise nicht		stimme ich gar nicht zu
a. Das Internet bietet viele Gestaltungsmöglichkeiten	☐	☐	☐	☐	☐
b. Das Internet ist weltweit anwendbar	☐	☐	☐	☐	☐
c. Das Internet ist interaktiv	☐	☐	☐	☐	☐
d. Das Internet bietet die Möglichkeit schnell und weltweit Daten zu erheben	☐	☐	☐	☐	☐
e. Das Internet bietet eine kostengünstige Form der Datenerhebung	☐	☐	☐	☐	☐
f. Das Internet stellt die Kommunikationsform der Zukunft dar	☐	☐	☐	☐	☐
g. Das Internet erfordert keine besondere zusätzliche Ausstattung	☐	☐	☐	☐	☐

10. **Wenn Sie an den Nutzen denken, den Ihnen das Internet *in 2 Jahren* für die Marktforschung bringen könnte, wie würden Sie vermutlich folgende Aussagen in 2 Jahren beurteilen?** *(Bitte bewerten Sie die Aussagen anhand der Skala)*

	stimme ich völlig zu		stimme teilweise zu/ teilweise nicht		stimme ich gar nicht zu
a. Das Internet bietet viele Gestaltungsmöglichkeiten	☐	☐	☐	☐	☐
b. Das Internet ist weltweit anwendbar	☐	☐	☐	☐	☐
c. Das Internet ist interaktiv	☐	☐	☐	☐	☐
d. Das Internet bietet die Möglichkeit schnell und weltweit Daten zu erheben	☐	☐	☐	☐	☐
e. Das Internet bietet eine kostengünstige Form der Datenerhebung	☐	☐	☐	☐	☐
f. Das Internet stellt die Kommunikationsform der Zukunft dar	☐	☐	☐	☐	☐
g. Das Internet erfordert keine besondere zusätzliche Ausstattung	☐	☐	☐	☐	☐

11. Die Bedeutung der Internet-Marktforschung wird in den nächsten 2 Jahren insgesamt zunehmen. Welche der angegebenen Methoden *im Bereich der Internet-Marktforschung* werden Ihrer Meinung nach sehr stark und welche überhaupt nicht an Bedeutung gewinnen können?

		sehr stark	stark	mittel	wenig	überhaupt nicht/ nimmt ab
a.	Online-Befragung im WWW	☐	☐	☐	☐	☐
b.	eMail-Befragung	☐	☐	☐	☐	☐
c.	Online-Gruppendiskussion (in Chat-Foren)	☐	☐	☐	☐	☐
d.	Befragung in Newsgroups	☐	☐	☐	☐	☐
e.	Online-Panel	☐	☐	☐	☐	☐
f.	Online-Beobachtung (z.B. Nutzungsanalysen von Websites)	☐	☐	☐	☐	☐
g.	Online-Test (z.B. von Software)	☐	☐	☐	☐	☐
h.	Sekundärmarktforschung	☐	☐	☐	☐	☐
i.	Kommunikation (z.B. mit Kunden und/oder Interviewern)	☐	☐	☐	☐	☐

12. Die Entwicklung (in den nächsten 2 Jahren) der Internet-Marktforschung könnte für die Marktforschung mehrere Auswirkungen haben. Welcher der unten getroffenen Aussagen würden Sie dabei am ehesten zustimmen?

1.	Die Internet-Marktforschung wird einzelne bestehende Erhebungsmethoden vollständig ersetzen	☐
2.	Die Internet-Marktforschung wird eine weitere Erhebungsmethode darstellen, die bestehende Erhebungsmethode nicht ersetzen kann	☐
3.	Die Internet-Marktforschung wird sich als Erhebungsmethode für die Marktforschung nicht bewähren	☐
4.	Keines der oben genannten Statements trifft zu	☐

12a. Bitte begründen Sie die in Frage 12. getroffene Auswahl

_____

_____

_____

Fragen zum Institut

13. **Seit wann besteht das Institut?**

     seit   _____

14. **Wieviele Mitarbeiter sind in dem Institut beschäftigt?**

   _____ Mitarbeiter

15. **Seit wann sind Sie in dem Institut beschäftigt?**

     seit   _____

16. **Welche Position nehmen Sie im Institut ein?**

_____

Vielen Dank für Ihre Mitarbeit.

Dieser Abschnitt wird vor der Auswertung aus Datenschutzgründen abgetrennt

Ich möchte nach Abschluß der Untersuchung eine Zusammenfassung der Ergebnisse erhalten.

        Ja   ☐   Nein   ☐

3. Tabellen

3.1. Tabellen: Offene Fragen

Institute	gesamt	Alter (in Jahre)			Beschäftigte		
		<5	5-20	>20	<10	10-100	>100
	21	6	10	5	11	6	4
Frage1a*							
1. Wachsende Nutzerzahlen	15	7	4	4	9	2	4
2. Gezieltere Nutzung (z.B. zur Informations-beschaffung, im Business-to-Business-Bereich)	7	3	2	2	4	1	2
3. Zunahme der Nutzung spezieller Internet-Dienste (z.B. eMail, eCommerce)	4	3	1	0	4	0	0
4. Sinkende Einstiegs-schwelle	2	0	1	1	1	0	1
5. Sonstige	5	0	4	1	2	2	1
Summe (Nennungen)	33	13	12	8	20	5	8
Frage 1b*							
1. Technische Einschränkungen, die die Nutzung beeinträchtigen können	6	2	1	3	3	0	3
2. Zunehmende eMail-Werbung und deren schlechte Auswirkung auf die Marktforschung	5	3	1	1	4	0	1
3. Internet-Mißbrauch / Internet-Skandale	4	1	2	1	1	2	1
4. Unübersichtlichkeit des Internet ("Datendschungel")	3	0	1	2	1	0	2
5. Sonstige	3	2	1	0	3	0	0
Summe (Nennungen)	21	8	6	7	12	2	7
Frage 2*							
1. Zukunftstechnologie	14	1	9	4	6	4	4
2. Kosten- und Zeitersparnis	13	7	5	1	8	4	1
3. Gute Eignung für bestimmte Markt-forschungsmethoden	5	1	4	0	5	0	0
4. Große Gestaltungsmög-lichkeiten (Technisch, methodisch)	3	3	0	0	3	0	0
5. Sonstige	6	3	1	2	3	1	2
Summe (Nennungen)	41	15	19	7	25	9	7

*(drei Nennungen möglich)

Institute		Alter (in Jahre)			Beschäftigte		
	gesamt	<5	5-20	>20	<10	10-100	>100
	21	6	10	5	11	6	4

Frage 3a*

1. Kostenvorteile	15	7	5	3	9	3	3
2. Schnelligkeit	14	5	5	4	7	3	4
3. Interessant, Innovativ (Medium selbst und auch die Zielgruppe)	7	2	3	2	5	0	2
4. Internationalität	6	0	6	0	3	3	0
5. Methodische Vorteile für die Marktforschung (z.B. Gestaltungs- möglichkeiten)	4	2	1	1	3	0	1
Summe (Nennungen)	**46**	**16**	**20**	**10**	**27**	**9**	**10**

Frage 3b*

1. Mangelnde Repräsentativität	15	4	7	4	7	4	4
2. Mangelnde Ausschöpfung und Akzeptanz	9	2	5	2	6	1	2
3. Geringe Kontrollmöglichkeiten	8	4	3	1	6	1	1
4. Technische / methodische Mängel	4	1	3	0	3	1	0
5. Fehlende Verbreitung des Internet in Privathaushalten	2	2	0	0	2	0	0
Summe (Nennungen)	**38**	**13**	**18**	**7**	**24**	**7**	**7**

Frage 7*

1. Geringe Datenqualität (Stichprobenbildung, Reliabilität, Validität)	14	6	5	3	10	1	3
2. Mangelnde Repräsentativität	10	2	6	2	5	3	2
3. Mangelnde Reichweite und Akzeptanz	10	5	4	1	6	3	1
4. Technische Grenzen und Kosten	7	3	2	2	4	1	2
5. Fragebogengestaltung	3	0	2	1	0	2	1
6. Datenschutz	2	1	1	0	1	1	0
Summe (Nennungen)	**46**	**17**	**20**	**9**	**26**	**11**	**9**

*(drei Nennungen möglich)

Institute		Alter (in Jahre)			Beschäftigte		
	gesamt	<5	5-20	>20	<10	10-100	>100
	21	6	10	5	11	6	4

Frage 8a*

1. Einfach, klar, übersichtlich	10	3	6	1	6	3	1
2. Mediengerecht	6	2	2	2	3	1	2
3. Keine Standard-Layouts	1	0	0	1	0	0	1
4. Keine Besonderheiten gegenüber herkömm- lichen Erhebungs-methode	1	1	0	0	1	0	0
Summe (Nennungen)	**18**	**6**	**8**	**4**	**10**	**4**	**4**

Frage 8b*

1. Stichprobengröße ist abhängig vom Auswahl- verfahren und vom Unter- suchungs-gegenstand	4	1	3	0	1	3	0
2. Stichprobengröße spielt keine Rolle	4	1	2	1	3	0	1
3. Stichprobe muß eine bestimme Mindestgröße haben	3	2	1	0	3	0	0
4. Keine Besonderheiten gegenüber herkömm- lichen Erhebungs-methode	5	2	1	2	3	0	2
Summe (Nennungen)	**16**	**6**	**7**	**3**	**10**	**3**	**3**

Frage 8c*

1. Gute Kontrollmöglich- keiten wegen ent- sprechender Software	7	2	2	3	3	1	3
2. Notwendigkeit von Daten- kontrolle (Plausibilitäts-, Reliabili-täts- und Validi- tätstests)	3	1	2	0	2	1	0
3. Datenkontrolle ist kaum möglich	2	0	2	0	2	0	0
4. Keine Besonderheiten gegenüber herkömm- lichen Erhebungs-methode	3	2	1	0	3	0	0
Summe (Nennungen)	**15**	**5**	**7**	**3**	**10**	**2**	**3**

*(drei Nennungen möglich)

Institute	Alter (in Jahre)				Beschäftigte		
	gesamt	<5	5-20	>20	<10	10-100	>100
	21	6	10	5	11	6	4

Fortsetzung
Frage 8d*

	gesamt	<5	5-20	>20	<10	10-100	>100
1. Problematisch, jedoch stehen bereits Verfahren zur Verfügung (Passwort, N-te Besucher Methode)	7	1	4	2	3	2	2
2. Sorgfältige Selektion der Adreßbasis	3	1	1	1	2	0	1
3. Verhinderung von Selbstselektion	3	1	2	0	1	2	0
4. Keine Besonderheiten gegenüber herkömm- lichen Erhebungs- methode	2	2	0	0	2	0	0
Summe (Nennungen)	15	5	7	3	8	4	3

Frage 8e*

	gesamt	<5	5-20	>20	<10	10-100	>100
1. Repräsentativität ist die größte Schwäche der Internet-Marktforschung	8	2	4	2	4	2	2
2. Für spezielle Zielgruppen ist Repräsentativität gegeben	6	2	3	1	4	1	1
3. Mangel an Referenzdaten	1	1	0	0	1	0	0
4. Keine Besonderheiten gegenüber herkömm- lichen Erhebungs-methode	1	1	0	0	1	0	0
Summe (Nennungen)	16	6	7	3	10	3	3

Frage 8f*

	gesamt	<5	5-20	>20	<10	10-100	>100
1. Datenschutz ist durch den Einsatz spezieller Methoden zu gewähr-leisten (getrennte Speicherung von Personenbezogenen- und Erhebungsdaten, Passwortvergabe etc.)	7	3	2	2	5	0	2
2. Datenschutz ist schwer sicherzustellen (Datenmanipulation, Selbstselektion	3	1	1	1	2	0	1
3. Datenschutz ist sichergestellt	3	0	2	1	1	1	1
4. Keine Besonderheiten gegenüber herkömm- lichen Erhebungs-methode	5	2	3	0	3	2	0
Summe (Nennungen)	18	6	8	4	11	3	4

*(drei Nennungen möglich)

3.2. Tabellen: Geschlossene Fragen

Institute	Alter (in Jahre)			Beschäftigte		
	gesamt	<5	5-20	>20	<10	10-100	>100
	21	6	10	5	11	6	4

Frage 4   Mittelwert   Skala: 1 (am häufigsten) bis 7 (am wenigsten)

	gesamt	<5	5-20	>20	<10	10-100	>100
a. face-to-face	2,9	2,8	3,2	2,2	2,7	3,4	2,5
b. CAPI	3,7	4,8	3,4	3,3	3,9	3,8	3,3
c. CATI	2,2	3,5	2,1	1,4	2,8	2,2	1,3
d. Schriftlich	3,8	4,2	3,8	3,6	4,1	3,7	3,5
e. via Internet	4,2	2,4	4,5	6,0	3,6	4,0	6,0
f. Test	5,4	4,0	5,7	6,0	4,8	5,8	6,0
g. Beobachtung	4,3	3,4	4,5	5,0	3,9	4,2	5,5

Frage 5 (n=18)   Mittelwert   Skala: 1 (häufig) bis 3 (überhaupt nicht)

	gesamt	<5	5-20	>20	<10	10-100	>100
a. Online-Befragung im WWW	1,7	1,4	1,9	1,8	1,7	1,8	1,8
b. eMail-Befragung	2,4	2,2	2,4	2,5	2,3	2,3	2,5
c. Online-Diskussion	2,8	2,8	3,0	2,5	2,9	3,0	2,5
d. Befragung in Newsgroups	2,9	2,8	2,9	3,0	2,8	3,0	3,0
e. Online-Panel	2,4	2,0	2,6	2,5	2,4	2,3	2,5
f. Online-Beobachtung	2,1	2,0	2,3	2,0	2,0	2,5	2,0
g. Online-Test	2,6	2,2	2,8	2,8	2,6	2,5	2,8
h. Sekundärforschung	1,5	1,8	1,4	1,5	1,6	1,5	1,5
i. Kommunikation	1,4	1,8	1,1	1,3	1,4	1,3	1,3

Frage 6 (face to face) (n=20)   Mittelwert   Skala: 1 (sehr gut) bis 5 (mangelhaft)

	gesamt	<5	5-20	>20	<10	10-100	>100
a. Repräsentativität	2,0	2,2	1,7	2,6	1,9	2,3	2,0
b. Validität	2,1	2,0	1,9	2,4	1,8	2,7	1,8
c. Reliabilität	1,9	2,0	1,7	2,3	1,8	1,8	2,3
d. Praktikabilität	2,9	3,2	2,6	3,2	3,0	2,8	2,8
e. Ausschöpfung	2,5	2,8	2,2	2,8	2,5	2,7	2,5
f. Datenaktualität	2,9	2,7	2,6	3,8	2,5	3,3	3,5
g. Kosten	4,1	4,2	4,0	4,2	4,0	4,0	4,5
h. Zeitbedarf	3,8	4,0	3,6	3,8	3,9	3,6	3,8

Frage 6 (telefonisch)

	gesamt	<5	5-20	>20	<10	10-100	>100
a. Repräsentativität	1,9	2,2	1,6	2,2	2,0	2,0	1,5
b. Validität	2,0	2,2	1,8	2,2	2,0	2,3	1,5
c. Reliabilität	1,9	2,2	1,8	1,8	2,0	1,8	1,7
d. Praktikabilität	1,8	2,0	1,5	2,2	1,7	2,2	1,5
e. Ausschöpfung	2,2	2,0	2,2	2,6	2,1	2,5	2,3
f. Datenaktualität	1,7	1,8	1,3	2,4	1,6	1,8	1,8
g. Kosten	3,0	3,0	2,7	3,4	2,8	3,2	3,0
h. Zeitbedarf	2,3	3,0	1,6	2,6	2,5	2,2	2,0

Institute	Alter (in Jahre)			Beschäftigte		
	gesamt	<5	5-20	>20	<10	10-100	>100
	21	6	10	5	11	6	4

(Kopfzeile: gesamt, <5, 5-20, >20 unter "Alter (in Jahre)"; <10, 10-100, >100 unter "Beschäftigte")

Fortsetzung
Frage 6 (postalisch)

	gesamt	<5	5-20	>20	<10	10-100	>100
a. Repräsentativität	3,1	2,8	3,2	3,2	2,8	3,7	3,0
b. Validität	2,9	2,8	2,7	3,2	2,6	3,3	2,8
c. Reliabilität	2,4	2,6	2,4	2,0	2,4	2,6	2,0
d. Praktikabilität	2,6	2,7	2,4	2,8	2,5	2,8	2,3
e. Ausschöpfung	3,9	3,3	4,2	3,8	3,6	4,5	3,5
f. Datenaktualität	3,8	3,8	3,6	4,0	3,6	4,0	3,8
g. Kosten	3,1	3,8	2,8	3,0	3,5	2,7	2,8
h. Zeitbedarf	4,2	4,2	4,4	4,0	4,4	4,0	4,0

Frage 6 (via Internet)

	gesamt	<5	5-20	>20	<10	10-100	>100
a. Repräsentativität	4,3	3,2	4,8	4,5	4,0	4,8	4,5
b. Validität	3,0	2,4	3,0	3,8	2,8	2,8	3,8
c. Reliabilität	2,7	2,4	2,9	2,5	2,8	2,6	2,5
d. Praktikabilität	2,0	1,8	2,0	2,0	2,2	1,4	2,0
e. Ausschöpfung	3,8	3,2	4,1	3,8	3,7	3,8	3,8
f. Datenaktualität	1,5	1,2	1,8	1,3	1,6	1,4	1,3
g. Kosten	1,5	1,3	1,6	1,5	1,5	1,4	1,5
h. Zeitbedarf	1,8	1,7	2,1	1,5	1,8	2,3	1,5

Frage 9 (n=20) — Mittelwert — Skala: 1 (stimme völlig zu) bis 5 (stimme gar nicht zu)

	gesamt	<5	5-20	>20	<10	10-100	>100
a. große Gestaltungsmöglichkeiten	1,7	1,5	1,8	1,8	1,7	1,6	1,8
b. weltweit anwendbar	1,2	1,3	1,1	1,3	1,2	1,2	1,3
c. interaktiv	2,0	1,5	2,3	1,8	2,1	1,8	1,8
d. schnell	1,8	1,3	2,0	2,0	1,8	1,6	2,0
e. kostengünstig	1,7	2,2	1,4	1,8	1,8	1,4	1,8
f. Kommunikation der Zukunft	2,0	1,5	2,4	1,5	2,0	2,2	1,5
g. keine besondere Ausstattung	3,6	4,2	3,1	4,0	3,7	3,0	4,0

Frage 10 — Mittelwert — Skala: 1 (stimme völlig zu) bis 5 (stimme gar nicht zu)

	gesamt	<5	5-20	>20	<10	10-100	>100
a. große Gestaltungsmöglichkeiten	1,6	1,5	1,7	1,6	1,6	1,7	1,5
b. weltweit anwendbar	1,1	1,2	1,1	1,0	1,1	1,2	1,0
c. interaktiv	1,5	1,3	1,7	1,4	1,5	1,7	1,3
d. schnell	1,4	1,0	1,6	1,6	1,5	1,3	1,5
e. kostengünstig	1,6	1,5	1,4	2,2	1,5	1,5	2,3
f. Kommunikation der Zukunft	1,7	1,3	2,0	1,6	1,5	2,2	1,5
g. keine besondere Ausstattung	3,0	3,0	2,7	3,4	2,8	2,8	3,5

Institute		Alter (in Jahre)			Beschäftigte		
	gesamt	<5	5-20	>20	<10	10-100	>100
	21	6	10	5	11	6	4

Frage 11 (n=20) Mittelwert Skala: 1 (sehr stark) bis 5 (überhaupt nicht)

a. Online-Befragung im WWW	2,0	2,0	2,2	1,5	2,2	2,0	1,5
b. eMail-Befragung	2,5	2,8	2,5	1,8	2,6	2,6	1,8
c. Online-Diskussion	2,7	2,5	2,8	2,5	2,5	3,0	2,5
d. Befragung in Newsgroups	3,4	4,2	3,0	3,0	3,7	2,8	3,0
e. Online-Panel	2,2	2,2	2,6	1,3	2,5	2,2	1,3
f. Online-Beobachtung	1,7	1,5	1,8	1,5	1,7	1,6	1,5
g. Online-Test	2,2	1,8	2,3	2,3	2,1	2,2	2,3
h. Sekundärforschung	1,9	2,0	1,8	1,8	1,8	2,0	1,8
i. Kommunikation	1,5	1,5	1,7	1,0	1,5	1,8	1,0

Frage 12 Nennungen

1. Das Internet wird einzelne bestehende Erhebungsmethoden vollständig ersetzen	3	2	0	1	2	0	1
2. Die Internet-Marktforschung wird eine weitere Erhebungs-methode darstellen, die bestehende Methoden nicht ersetzen kann	18	4	10	4	9	6	3
3. Die Internet-Markt-forschung wird sich als Erhebungsmethode für die Marktforschung nicht bewähren	0	0	0	0	0	0	0
4. Keines der genannten Statements	0	0	0	0	0	0	0
Summe (Nennungen)	**21**	**6**	**10**	**5**	**11**	**6**	**4**

Literaturverzeichnis

Apel, P.: Die Mär vom Turnschuh-Onliner, in: Absatzwirtschaft, 11, 1995, S. 137-141

Batinic, B. / Bosnjak, M.: Fragebogenuntersuchungen im Internet, in: Batinic, B. (Hrsg.): Internet für Psychologen, Göttingen 1997, S. 221-241

Berekoven, L. / Eckert, W. / Ellenrieder, P.: Marktforschung, 7. Auflage, Wiesbaden 1996

Berufsverband Deutscher Markt- und Sozialforscher (Hrsg.): BVM Handbuch der Marktforschungsunternehmen, Frankfurt / M. 1997

Breiter, A. / Batinic, B.: Das Internet als Basis für elektronische Befragungen, in: Jahrbuch der Absatz- und Verbrauchs-forschung, 2, 1997, S. 214-229

Business Online: Marktstudie Internet-Nutzung deutscher Unternehmen, http://www2.business-online.de/bda/int/bo/umfrage/umfrage.html, 1998, 16.11.98

ComCult Research: Marktforschungspoint, http://www.comcult.de, 1998, 05.05.98

Deutsche Gesellschaft für Online-Forschung e.V.i.G. (Hrsg.): German Online Research 98, Köln 1998, S. 26

Deutscher Multimedia Verband: Statistiken & Studien, Forschung & Wissenschaft, http://www.dmmv.de/jumps/forschungs-jump. html, 1998, 07.12.98

Dodd, J.: Market research on the Internet – threat or opportunity?, in: Marketing and Research today, 1, 1998, S. 60-66

Ellsworth, J.H. / Ellsworth, M.V.: Marketing on the Internet, 2. Auflage, New York 1997

Emery, V.: Internet im Unternehmen, Heidelberg 1996

ESOMAR: What is ESOMAR?, http://www.esomar.nl/what_is_.htm, 1998, 12.05.98

ESOMAR: ESOMAR Position Paper: Market research and the Internet, http://www.esomar.nl/position.htm, 1998, 12.05.98

Ewen, V. / Gelszus, R.H.: Der Computer als Befragungsinstrument, in: Marktforschung & Management, 3, 1990, S. 119-122

Focus Online: Mitgliederzahlen der Onlinedienste, http://focus.de/ D/DD/DD36/DD36G/dd36g.htm, 1998, 12.10.98

Focus Online: Browser-Marktanteile in Deutschland, http://focus.de/ D/DD/DD36/DD36D/dd36d.htm, 1998, 17.11.98

Friedrichs, J.: Methoden empirischer Sozialforschung, 14. Auflage, Opladen 1990

Gerdes, H.: Hypertext, in: Batinic, B. (Hrsg.): Internet für Psychologen, Göttingen 1997, S. 137-154

GfK Medienforschung: GfK Online Monitor,
http://www.gfk.cube.net/ website/mefo/onmowa.htm, 1998, 07.12.98

Götte, A. / Kümmerlein, K.: Der Einsatz von Multimedia in der Marktforschung,
in: Planung und Analyse, 6, 1996, S. 36-41

GVU (Graphics, Visualization, & Usability Center): GVU's WWW User Survey
Background Information,
http://www.cc.gatech.edu/ gvu/user_surveys/background.html, 1998,
11.09.98

GVU (Graphics, Visualization, & Usability Center): GVU's 9th WWW User
Survey General Demographics Summary,
http://www.gvu. gatech.edu/user-surveys.htm, 1998, 07.10.98

Hagenhoff, W. / Pfleiderer, R.: Neue Methoden in der Online-Forschung, in:
Planung und Analyse, 1, 1998, S. 26-30

Heidingsfelder-Gruppe: Internet-Rogator, http://www.rogator.de, 1998, 07.12.98

I/Pro: Products, http://www.ipro.com/products.html, 1998, 05.10.98

I/Pro: I/Pro, http://www.ipro.com, 1998, 14.10.98

IVW: Organisation, http://www.ivw.de/org/index.html, 1998, 27.11.98

IVW: Messung der Werbeträgerleistung von Online-Medien,
http://www.ivw.de/verfahren/index.html, 1998, 27.11.98

Kastin, K. S.: Marktforschung mit einfachen Mitteln, München 1995

Klosa, O.: Marktforschung im Internet, Regensburg 1996

Kronenberg, F.: Online Surfing, Düsseldorf, München 1997

Lampe, F.: Business im Internet, Braunschweig, Wiesbaden 1996

Lamprecht, S.: HTML 3.2, Kaarst 1998

Lasswell, H.D.: The Structure and Function of Communication in Society,
2. Auflage, Urbana, Ill. 1960

Marketing Masters: Survey Said,
http://www.surveysaid.com, 1998, 07.12.98

Müller, S. / Kesselmann, P.: Akzeptanz von computergestützten Erhebungsverfahren, in: Marketing, 3, 1996, S. 191-202

Naether, F.T.: Goldene Zeiten für Marktforscher?: Marktforschung im
Cyberspace, in: Absatzwirtschaft, 38, 1995, S. 62-66

Network Wizards: Internet Domain Survey, July 1998,
http://www.nw.com/zone/WWW/report.html, 1998, 02.11.98

Niehoff, R.: Qualität hinter den Kulissen, in: Planung und Analyse, 2, 1998,
S. 36-41

Oenicke, J.: Online-Marketing, Stuttgart 1996

Pepels, W.: Lexikon der Marktforschung, München 1997

Rank, G.J.: Online-Marktforschung, in: Jahrbuch der Absatz- und Verbrauchsforschung, 2, 1998, S. 190-197

Regionales Rechenzentrum für Niedersachsen (RRZN) (Hrsg.): Internet,
4. Auflage, Hannover 1996

Salcher, E. F.: Psychologische Marktforschung, 2. Auflage, Berlin, New York
1995

Schade, O.: Dienste im Internet, in: Batinic, B. (Hrsg.): Internet für Psychologen, Göttingen 1997, S. 49-86

Scheller, M. / Boden, K. P. / Geenen, A.: Internet: Werkzeuge und
Dienste, Berlin, Heidelberg, New York 1994

Schild, W.: Die ganze Welt des Internet aus dem Fernseher, in: Die Welt,
15.10.98, 1998, S. 8

Theis, H. E.: Die Multimedia-Gesetze, Berlin 1997

Universität Giessen: German Internet Research List - GIR-L,
http://www.psychol.uni-giessen.de/~Batinic/survey/gir-l.htm, 1998,
14.09.98

Universität Giessen: How to make an internet based survey?,
http://www.psychol.uni-giessen.de/~Batinic/survey/faq_soft.htm,
1997, 02.11.98

University of Cambridge Statistical Laboratory: Analog,
http://www. statslab.cam.ac.uk/~sret1/analog/, 1998, 07.12.98

W3B Fittkau & Maaß: Forschungsproblem,
http://www.w3b.de/ hintergrund/methodik.html, 1998, 09.08.98

W3B Fittkau & Maaß: Ergebnisse,
http://www.w3b.de/ergebnisse/ ergebnisse.html, 1998, 11.09.98

Weber, A.: Sehen, klicken, kaufen, in: Horizont, 28, 1998, S. 66

Weinknecht, J.: Rechtliche Aspekte der Marktforschung im Internet, in: Planung
und Analyse, 6, 1996, S. 14-20

Will, C. / Daburger, J.: Interaktive Befragungen: Eine Alternative zu klassischen
Marktforschungserhebungen, in: Planung und Analyse, 6, 1996, S. 22-23